파치

[이매진의 시선 28]

파치
쓰다 버려지는 삶을 거부한 아사히비정규직지회를 쓰다

초판 1쇄 2025년 10월 17일
지은이 소희
펴낸곳 이매진 **펴낸이** 정철수
등록 2003년 5월 14일 제313-2003-0183호
전화 02-3141-1917 **팩스** 02-3141-0917
이메일 imaginepub@naver.com
블로그 blog.naver.com/imaginepub
인스타그램 @imagine_publish
ISBN 979-11-5531-157-8 (03300)

차례

들어가는 글
옥수수 두 자루와 노동조합 7

고요한 노동자 가슴에 돌 던지는 29

노동자 도시로 떠난 시골 청년 41

다른 세상을 만들 수 있다는 희망 51

은밀하고 수상하게, "노동조합 할래?" 61

회사가 강요하는 질서 71

노조를 하는 이유 85

'단결투쟁' 머리띠 맬 때 97

138 더하기 1 111

오랜 싸움을 준비하다 119

내가 하는 싸움이 역사가 될 때 127

덩치를 키우는 연대 **139**

살과 뼈를 태우는 27일 **161**

6년 만에 받은 협상안 **175**

진짜 사장을 찾아서 **185**

검찰 사물함에 불법 파견 증거물이 가득해도 **199**

6년이 아니라 60년도 싸워 주마 **213**

징벌 조끼 벗고 금속노조 조끼 입고 **227**

연대가 바꾸는 삶 **243**

"나는 센 자본이 좋더라고" **257**

'아사히지회'를 쓰다 **271**

나가는 글
한 청년 노동자가 인생을 걸어야 할 만큼 거대한 이야기 **290**

들어가는 글

옥수수 두 자루와 노동조합

바람 한 점 없어 뜨겁지만 구름이 물기를 가득 머금어 습도도 높았다. 가만히 서 있기만 해도 땀이 등줄기를 타고 흘러내렸다. 무르익은 옥수수가 내 키보다 컸다. 때늦지 않게 수확해야 했지만, 땡볕 아래 옥수수를 벨 일손은 턱없이 부족했다. 전직 주말 농부인 나는 겁도 없이 낫 한 자루 들고 옥수수밭을 찾아갔다.

옥수수 두 자루

가장자리부터 나보다 키가 훨씬 더 큰 옥수숫대를 잘랐다. 옥수숫대가 워낙 굵고 튼튼해서 온 힘을 실어야 했고, 한 대가 쓰러질 때마다 흐르는 땀을 닦으면서 주저앉았다. 헐떡이는 숨을 가다듬었다. 농부는 옥수숫대를 부여잡고 손목보다 큼직해 보이는 옥수수를 땄다. 그러고는 옥수수가 수북하게 담긴 수레를 트럭으로 옮겼다. 새벽부터 시작한 옥수수 수확은 한낮이 돼서 끝났고, 다음 날까지 이어졌다.

다음 날은 수확한 옥수수를 산더미처럼 쌓아 놓고 선별

작업을 시작했다. 가격을 받을 수 있는 상품은 잘 포장해서 차곡차곡 정돈했다. 낮에 긁혀 흠집이 나거나 새가 쪼아 먹어 볼품없어진 옥수수 파치는 따로 모았다. 이웃들끼리 나눠 먹을 예정이었다. 문득 구미공단에서 비정규직 노동자들이 노동조합을 만든 소식이 생각났다. 노동조합을 만들자마자 문자로 해고당했다던데, 어떻게 지내고 있는지 궁금했다. 전국금속노조가 가입을 받아 주지 않는다는 소문을 들은 터라 노동자들과 노동조합이 걱정됐다. 포장 작업을 마치면 한번 가 봐야겠다는 생각에 이르렀는데, 빈손으로 만날 수는 없는 노릇이라 파치라도 싸 들고 가자 싶었다. 인심 좋은 농부는 흔쾌히 옥수수를 내어 줬다.

품삯이나 다름없는 옥수수 두 자루를 차에 싣고 구미로 향했다. 그때만 해도 내비게이션을 쓸 줄 몰라서 구미공단 지리를 알 만한 지인에게 전화를 걸어서 물어물어 낙동강 강변을 따라 달렸다. 옥계동으로 가는 다리를 건너 공장 굴뚝이 보이는 곳으로 나아갔다. 거대한 아파트 숲을 헤치고 오르막길을 넘어가자 커다란 공장이 모습을 드러냈다. 바로 앞에는 8차선 도로가 훤했다. 인도 양쪽으로 기다란 천막 농성장이 영화 세트장처럼 펼쳐져 있었다.

유리 공장 앞 천막 농성장

차에서 내린 나는 어디로 들어가야 할지 몰라 잠시 망설였다. 똑똑 노크할 대문을 찾지 못해 어설프게 주인장을 찾았다.

"계십니까? 누구 없어요?"

새까만 검정콩같이 얼굴이 햇볕에 그은 사람이 성큼 다가오더니 누구냐고 물었다. 그 사람은 옥수수 두 자루를 내려놓고 서둘러 가려고 채비하는 나를 붙잡았다. 그러더니 식당 천막으로 안내해 커다란 아이스박스에서 캔 커피를 하나 꺼내 건넸다. 이명재였다. 이명재는 희망 퇴직서를 쓰지 않았다. 투쟁하기로 한 23명 중 한 명으로 남았지만, 한참 지나고 나서 아버지를 병간호하러 고향으로 내려가 돌아오지 못했다.

아사히글라스에서 해고된 노동자들은 모두 퇴근 선전전을 하러 구미 시내로 나가고 이명재만 남아 농성장을 지키는 중이었다. 식당 천막에는 길쭉한 탁자와 기다란 의자가 놓여 있었다. 우리는 마주 보고 어색한 이야기를 잠깐 나눴다. 다시 찾아오겠다는 약속을 남긴 채 나는 성주로 돌아왔다.

아사히비정규직지회 천막 농성장은 누더기를 입혀 놓은 듯 어스름하고 우중충하다 못해 괴기스러운 웅장함마저 느껴졌다. 금속노조가 받아 주지 않더라도 스스로 노동조합이라는 성벽을 쌓아 아사히글라스라는 외국인 투자 자본에 맞서 한번 싸워 보겠다는 위풍당당한 기세가 느껴졌다. 이명재를 만나 나눈 짧은 대화에서 그런 자신감이 전해졌다. 다시 그곳을 찾게 될 듯했다.

처음 아사히글라스 공장을 찾아갈 때만 해도 맥주를 떠올렸다. 아사히글라스가 맥주하고 아무 상관이 없다는 사실은 한참 지나서야 알았다. 《아사히신문》하고도 상관없다는 사실은 천막 농성장을 찾아간 지 1년이나 지나서야 알았다. 내가 사는 성주에 갑작스럽게 고고도 미사일 방어 체계, 곧 사드^{THAAD}를 배치한다는 결정이 알려지자 전세계 여러 언론이 찾아왔다. 그때 《아사히신문》 기자를 만났다. 나는 당돌했다. 말도 통하지 않는 외국 기자에게 다가가 아사히글라스를 아느냐고 물었다. 《아사히신문》 기자는 전혀 알지 못한다면서 아사히글라스하고 자기 신문사는 아무 관련이 없다고 했다. 나는 아사히글라스 한국 공장에서 비정규직 노동자들이 집단 해고된 사실을 알렸다. 취재해달라고 무작정 졸랐다. 기자는 얼마나 당황했을까.

아사히글라스는 액정 표시 장치^{LCD}용 유리 기판을 생산하고 판매하는 일본 기업이다. 전범 기업으로 유명한 미쓰비시 그룹 계열사로, 2005년 구미국가산업단지 4단지에 유리 생산 공장을 만들었다. 아사히글라스는 경상북도와 구미시에서 공장 부지 39만 6694제곱미터(12만 평)를 50년간 무상 임대하고 국세와 지방세를 전액 감면받는 특혜를 누렸다. 비정규직 노동자들이 해고되기 전만 해도 아사히글라스 구미 공장은 한 해에 1조 원이 넘는 매출을 올렸다.

매출 1조 원을 넘긴 공장에서 비정규직 노동자들은 최저 임금만 받고 일했다. 아사히글라스가 직접 고용한 노동자는 800명 정도였고, 사내 하청 업체인 지티에스, 건호, 우영에 소속한 노동자 300여 명이 일했다. 구미공단 제조업 공장 중 비정규직 노동자들이 처음으로 노동조합을 만든 곳이 지티에스다. 지티에스는 시설도 장비도 갖추지 않고 원청인 아사히글라스에 비정규직 인력만 보냈다. 지티에스 지분의 99.9퍼센트는 오티에스가 소유했다. 오티에스는 한국전기초자 대표 이사를 지낸 박순효가 만든 회사다. 박순효가 대표 이사일 때 아사히글라스가 한국전기초자를 매각 인수했고, 2005년 12월에 박순효와 박순효 아들 박철현이 오티에스를 세워 아사히글라스 계열사가 맡기는 하도급 업무를 도맡았다. 그러다 오티에스 오너 일가는 정재윤을 내세워 2009년 4월 8일 지티에스를 설립해 아사히글라스하고 사내 도급 계약을 체결했다. 오티에스 소속 노동자들은 자연스럽게 지티에스로 소속이 변경됐다. 지티에스는 아사히글라스하고 매년 도급 계약을 맺었지만, 아사히글라스에 속한 부서처럼 운영됐다.

사드와 생계비

옥수수 자루를 이고 바라 본 아사히글라스 공장보다 공장 앞 도로에 펼쳐진 천막 농성장에 나는 더 매료됐다. 첫눈에 반했다. 이명재가 아이스박스에서 꺼내 준 차가운 캔커피는 달달하고 시원했다. 내가 이곳에 아주 오랫동안 연대하게 되리라는 사실을 그때 직감했다. 며칠 뒤 아사히사내하청노동조합 위원장 차헌호가 사진을 보냈다. 삶은 옥수수를 입에 넣고는 엄지척을 하는 모습이었다. 삶은 옥수수는 파치답게 알이 꽉 차지 않고 구멍이 숭숭 나 있었지만, 차헌호는 먼 길을 달려 연대하러 온 사람이 준 음식이라 그런지 맛있다고 말했다. 2015년 8월 초쯤 무진장 무더운 여름날이었다. 그날부터 나는 종종 구미공단을 찾아갔다. 아사히 비정규직 노동자들을 따라서 전국 방방곡곡을 돌아다녔다. 긴 시간 힘겹게 투쟁하는 노동자들을 만나는 행운을 누렸다.

내 인생에도 큰 사건이 터지고 말았다. 2016년 7월 13일이었다. 한국 정부가 성주에 사드를 배치하겠다고 발표했다. 성주군수가 사드 배치를 반대한다고 밝히더니 단식하고 혈서를 쓰며 저항할 뜻을 내비쳤다. 성주 군민이 하나둘 성주군청에 모여들더니 항쟁이 시작됐다. 경찰, 국정원, 기무사 등 주요 정보기관 요원들이 성주에 모여들고 있다는 소문이 나돌았다. 한여름 공기는 무겁고 탁했다. 기분 탓인지 날은 자꾸만 어두웠다. 마치 '80년 광주'를 떠올리게 하는 커다란 역사의 수레바퀴가 성주를 관통할 듯한 긴장이 팽배했다.

2012년에 성주로 이주한 나는 성주에서 생활하고 대구에서 활동했다. 그때 대구에서 야심 차게 청소년노동인권 네트워크 활동을 시작했다. 특성화 고등학교 학생들이 현장 실습을 나가기 전에 모두 노동 인권 교육을 받게 하고 싶었다. 청소년 노동 인권 강사단이 돼 학교 수업을 막 들어가는 참이었다. 대구에 자리한 특성화 고등학교 스물두 곳을 돌아다니면서 고등학생 아르바이트 노동과 현장 실습 관련 실태 조사를 한창 진행한 때이기도 했다. 인생 2막이 시작되는 중요한 시기였다. 꿈 많은 40대였다.

갑자기 마을에 사드가 들이닥치는 바람에 나는 꿈을 접었다. 솔직히 성주에 있기가 두렵지만 성주를 벗어나고 싶지는 않았다. 대구에서 함께한 사람들하고는 자연스레 연락이 끊겼다. 성주에서 날마다 촛불을 들고 '한반도 사드 배치 결사반대'를 외쳤다. 주민들이랑 어떻게 하면 사드를 멀리 떠나보낼 수 있을지 머리를 맞댔고, 안테나를 세우고 레이더를 가동해 성주에서 벌어지는 일을 탐지했다.

사드는 내 인생의 불청객이었다. 아마도 사드를 만나 인생을 망칠까 봐 사드 반대에 매달린 것인지도 모르겠다. 사드 배치 문제에 몰입하고 있을 때 차헌호가 '사드 배치 결사반대 촛불집회'에 참석하러 성주로 찾아왔다. 그사이 '아사히사내하청노동조합'은 금속노조에 가입한 뒤 '아사히비정규직지회'로 이름을 바꿨고, 차헌호는 지회장이 돼 있었다.

그때만 해도 외부 세력을 대하는 눈초리가 따갑고 정보기관 요원들이 신경을 곤두세우고 있었는데, 구미공단에서 노동 운동을 하는 차헌호는 아랑곳하지 않고 밤마다 성주로 와서 사드 반대 촛불 집회에 참석했다. 집회를 마치고 나면 우리는 많은 이야기를 나눴다. 차헌호에게 비정규직 노동자들이 놓인 현실과 노동자들이 하는 투쟁에 관한 탁견을 들을 기회가 많았다. 성주에 갇혀 고립될 뻔한 나는 차헌호를 만나 지지받으면서 자신 있게 사드 반대 투쟁을 펼칠 수 있었다.

어느 날 가깝게 지낸 지역 언론사 기자와 차헌호, 나는 성주 촛불을 마치고 여느 때하고 다름없이 카페에서 차를 마셨다. 차헌호는 투쟁 기금이 똑 떨어졌다고 말했다. 해고된 노동자들은 실업 급여를 받았다. 실업 급여가 끝날 때쯤 우여곡절 끝에 금속노조에 들어갔고, 장기 투쟁 사업장 생계비를 지원받아 투쟁을 이어 갈 수 있었다. 그러나 지원이 곧 끝날 상황이었다. 차헌호는 투쟁 기금, 아니 생계비를 마련할 대책을 세워야 했다. 우리는 긴긴 이야기를 나눴다. 기자는 2016년 비정규직 특별 잡지 《꿀잠》을 만든 일을 상기시키며 우리도 잡지를 만들면 어떠냐고 했다. 대구 경북 지역 몇몇 기자들하고 의논해서 비정규직 이슈만 모아 잡지를 만들 수 있겠다고 했다. 잡지를 판매한 수익금을 아사히 비정규직 노동자 투쟁 기금으로 쓰면 의미 있지 않겠냐고 했다. 나는 잡지가 어려우면 책을 만들어도 좋겠다고 맞장구를 쳤다. 뭐든지 하면 재정 문제는 해결할 수 있다는 희망을 주입하는 말풍선을 뻥뻥 터트렸다.

회의 자료집이나 총회 자료집을 만든 경험은 있지만 그때까지 나는 책을 만든 적이 단 한 번도 없었다. 차헌호와 오수일하고 함께 성주에서 글쓰기 모임을 하면서 펜을 좀 굵적여 보기는 했지만, 책하고는 아무 관련이 없는 사람이었다. 그런 내가 책을 만들자고 해도 씨가 먹힐 리 없다는 사실을 잘 알고 있었다. 그저 나는 바람잡이로 최선을 다해 말풍선을 터트릴 뿐이었다.

며칠이 지났다. 새벽 6시였을까? 문자 한 통이 와 있었다. 잠결에 휴대폰을 열었다.

> 책을 만들어 팔아서라도 생계비를 당장 마련해야 합니다.

차헌호가 보낸 문자였다. 잠결에 절박한 심정이 휴대폰 전자파를 타고 내 가슴을 찌르는 듯했다. 눈물이 수도꼭지를 튼 양 흘렀다. 그 순간 뭐라도 해야 할 듯했다. 그날부터 홀린 듯이 책 만들 궁리를 했다. 글 한 번 제대로 쓴 적 없는 내가 책을 만들어야 한다는 신의 계시라도 받은 양 어떻게 하면 책을 만들 수 있을지 생각했다. 그때만 해도 나는 사회운동 단체인 전국불안정노동철폐연대(철폐연대) 회원이었다. 철폐연대는 여러 번 책을 낸 경험이 있고 다달이 기관지 《질라라비》도 발행했다. 무엇보다 비정규직 운동 전략을 고민하는 단체라 사무처 활동가 신순영과 안명희에게 도움을 청했다. 책을 만들면 좋겠다고 제안하자 흔쾌히 같이하겠다는 답이 돌아왔다.

책 기획팀 이름은 별의별 일들을 다 연대한다는 뜻에서 '별별책팀'이라고 정했다. 아사히비정규직지회 쪽 담당자는 오수일이 맡았다. 노동자 23명이 직접 글을 쓸 수 있게 섬세하게 기획했다. 글은 22편을 엮었다. (생계팀을 나간 황태섭이 자기는 책에 글을 쓸 자격이 없다며 미안한 마음에 글을 내지 않았다.) 원고 22편을 출판사로 넘기고 편집을 시작할 무렵 오수일은 고공 농성에 단식까지 하게 됐다. 나는 오수일이 투쟁하는 농성장에 가지 못하고 출판사에서 막바지 편집 작업을 거들었다. 오수일이 무사히 내려와 땅을 밟고 병원에서 치료받는 동안 책이 세상에 나왔다. 그렇게 《들꽃, 공단에 피다》(2017)는 아사히비정규직지회가 낸 첫 책이 됐다.

책을 만들고 나서 가슴 벅찬 기쁨을 느끼는 한편 상실감도 찾아왔다. 우리가 함께 만든 책이지만, 세상에 나온 뒤에는 아사히비정규직지회가 낸 책이 됐다. 함께 만든 기쁨을 충분히 누리지 못한 채 책을 멀리 떠나보내야 하는 처지가 된 듯해 괜히 서글펐다. 《들꽃, 공단에 피다》는 내가 처음 만든 책이었다. 첫 경험은 설레고 짜릿하고 아프고 형언할 수 없는 감정으로 오래오래 남았다.

우리는 여전히 연대했다. 나는 사드를 반대하는 성주 주민으로 아사히비정규직지회 투쟁에 연대했고, 아사히비정규직지회는 성주 촛불부터 사드가 소성리에 배치될 때까지 연대하는 발걸음을 멈추지 않았다.

공장에서 벌어진 일

 어느 날 우연히 밀양 송전탑 건설 공사를 반대하던 도곡마을 김말해 할머니 부고를 들었다. 페이스북에 김말해 할머니를 회상하는 글과 사진이 올라왔고, 이 일을 계기로 밀양 송전탑 반대 싸움이 다시 사람들 가슴속에서 살아 움직이는 듯했다. 김말해 할머니를 보여 주는 아주 짧은 영상에 마음이 사로잡혔다. 마을 주민과 주민을 막아선 경찰이 실랑이를 벌이는 와중에도 김말해 할머니는 '젊은 것'(의경)들을 위하고 아끼는 마음이 오롯이 전해지는 구수한 사투리로 욕을 하셨다. 영상인데도 온정이 느껴지는 몸짓이 그렇게 애틋할 수 없었다. 밀양 모습은 소성리 모습하고 닮아 있었다. 김말해 할머니 영상이 오래도록 기억에 남았다. 우리 투쟁도 영상에 담고 싶다는 욕망이 불쑥불쑥 차올랐다. 오래도록 기억할 수 있는 진중한 영상 기록을 남기고 싶은 마음이 간절해졌다.

 간절해지면 용기가 생기는 법일까. 영상을 촬영한 감독을 찾았다. 나는 얼굴 한 번 본 적 없는 이에게 막연하게 메시지를 보내 영상에 관한 도움을 청했다. 정말 무례한 짓인지도 몰랐다. 그러나 감독은 사정을 알고 있다는 듯이 친절하게 대했다. 나는 싸우는 사람이 아니라 기록하는 사람으로서 영상을 남기고 싶다는 고민을 털어 놓았고, 영상은 글쓰기하고 완전히 다르니 도와주면 좋겠다고 부탁했다. 감독은 흔쾌히 돕겠다고 했다. 대구영상미디어센터에서 캠코더를 빌릴 수 있게 애써 줬고, 성주까지 나를 만나러 왔다. 캠코더 작동법도 가르쳐 주고 촬영할 수 있게 안내도 해 줬다. 밀양에서 다큐멘터리 〈즐거운 나의 집 101〉(2015)을 찍은 련 감독이다. 그렇게 나는 순식간에 캠코더를 손에 쥐었고, 그날부터 소성리 마을회관으로 달려가 소성리에서 사드 기지 건설을 반대하며 싸우는 할머니들을 촬영하기 시작했다.

아사히비정규직지회가 소성리로 연대하러 온 날이었다. 캠코더를 본 차헌호와 오수일는 이제 감독을 하느냐고 놀렸다. 나는 우쭐해져서 아사히비정규직지회도 촬영해 주겠노라 말했다. 둘은 천막 농성장은 언제든 열려 있다며 오라고 했고, 나는 주저하지 않고 구미 공장 천막 농성장으로 향했다.

내가 캠코더를 들고 아사히 천막 농성장으로 찾아간 때는 2020년 여름 무더위가 한풀 꺾일 무렵이었다. 천막 농성장에는 이영민이 있었다. 농성장 사수였다. 농성장 사수란 낮에 농성장을 지키는 당번을 가리킬 때 우리가 쓰는 말이었다. 이영민은 농성장에서 몸을 잠시도 가만히 두지 않았다. 문짝이 삐거덕거리자 망치를 들고 문짝을 손보더니 텔레비전을 올릴 선반을 만드느라 분주했다. 집안 살림을 돌보듯 농성장 이곳저곳을 살피는 모습이 자연스러워 보였다. 나는 이영민의 애정 어린 몸놀림을 졸졸 따라다니면서 촬영했다. 이영민은 개의치 않았다. 자기를 따라다니며 찍는 내게 뭘 하고 있는지 잊지 않고 친절하게 설명했다. 그러다 한번은 농성장 밖 도로에 의자를 두고는 마주 앉았다. 나는 자연스레 이영민을 촬영하고 있었다. 이영민은 아사히글라스 공장 정문을 바라보면서 말했다.

노동조합을 갓 만든 때에는 공장 안에 주차장이 있어도 일부러 공장 밖에 주차하고 출근했다. 퇴근하면 곧장 집으로 가지 않고 공장 문까지 걸어서 내려왔다. 지금 농성장이 있는 자리는 그때 약식 집회를 한 곳이었다. 퇴근 시간만 되면 공장 주변에는 민중가요와 노동자 투쟁가가 쿵짝쿵짝 울려 퍼졌고, 공장 밖으로 걸어 나오는 이영민과 노동자들은 발걸음이 춤을 추듯 가벼웠다. 입은 노랫가락을 따라 흥얼거렸다. 벌써 팔뚝이 들썩거렸다. 집회 대오가 된 노동자들은 팔뚝질을 하며 구호를 외쳤다. 노래도 한 곡 부르고 노동조합을 이끄는 사람들이 앞에 나서서 연설하면 모두 귀를 쫑긋 세웠다. 그러고는 '단결 투쟁'을 외치고 헤어졌다.

이영민은 공장을 바라보면서 기억을 더듬었다. 공장에서 노동조합 활동을 한 아주 짧은 시간을 들려줬다. 고작 한 달도 되지 않았지만, 노동자들이 공장을 나서는 활기찬 모습과 공장 앞에서 집회하는 당당한 모습은 선명하게 남아 있었다. 공장을 향하는 눈빛에는 고통도 슬픔도 후회도 없었다. 뿌듯하고 자신만만한 기운이 느껴졌다. 해방감이었다. 나는 이영민의 눈을 바라보면서 상상했다. 공장에서 노동조합을 만들고 나서 해방이라도 된 듯이 퇴근길 투쟁가에 맞춰서 팔을 흔들며 활기차게 걸어 내려오는 노동자들을.

노동조합이 노동자들에게 어떤 기쁨과 해방을 만끽하게 해 주길래 이렇게 오랜 세월 싸우면서도 그날을 떠올리면 설렐까. 노동조합이, 노동자의 투쟁이, 권리를 쟁취하는 순간이 가슴 떨리는 첫 경험이라면 얼마나 아름다운 기억일까. 꽤 시간이 흘렀다. 사람들은 싸웠고, 변했다. '민주노조'라는 이름표는 노동자들이 경험한 설렘과 해방을 말해 줄 수 있을까. 궁금했다. 공장에서 무슨 일이 있었을까. 나는 알아야겠다고 생각했다.

공장의 눈빛

그때였다. 이영민의 눈빛이 나를 공장으로 이끌었다. 나는 공장에서 벌어진 일을 알아 내려고 묻고 다니기 시작했다. 하루는 아사히비정규직지회 투쟁 봉고차를 타고 서울로 가는 길이었다. 차 안에서 노조 만들 때 이야기를 나누던 차헌호가 뒤에 앉은 조남달에게 물었다.

"형님, 노동조합 만들 때 공장에서 기억나는 일 있어요?"

"야간 끝나고 사람들이 무보까 국밥집 가자고 하데."

차헌호가 공장 사람들하고 무보까 국밥집에 모인 때는 노동조합을 만들기 전이라고 설명했지만, 조남달은 아랑곳하지 않고 국밥집 에피소드를 반복해서 말했다. 그때 노동자들은 일을 마치면 공장 관리자들 눈을 피해 삼삼오오 국밥집에 모여들었다. 이미 해고된 차헌호는 노무사도 초대했다. 노동자들은 비정규직도 노동조합을 할 수 있는지 물었다. 어떻게 노동조합을 만들지 머리를 맞대고 고민하고 의논하는 사람들이 내뿜는 온기로 뜨거운 국밥집을 조남달은 오래도록 잊을 수 없는 듯했다. 그곳에서 동료들이 심각하게 나누는 이야기를 듣고 있는 조남달을 상상했다. 인생에서 중요한 선택을 내려야 하는 순간에 선 조남달이 얼마나 진지했을까.

먼 훗날 나는 차헌호하고 그 국밥집을 찾아갔다. 추석 휴가비가 나와 국밥을 한 그릇 사 준다고 했다. 국밥집 간판이 바뀌어 있었다. 주인도 달라져 그때 모습은 찾아볼 수 없지만, 예전에는 넓은 방이 하나 있었다. 아사히글라스 사내 하청 지티에스 소속 노동자들이 그 방에 종종 모였다.

밥을 먹고 노동조합을 할지 말지 의논했다. 이야기하는 중간중간 담배를 피우러 삼삼오오 식당 문을 여닫고 들락날락하는 노동자들 모습이 눈앞에 보이는 듯했다. 노동조합을 할지 말지 고민하면서 귓속말로 소곤소곤 이야기 나누는 소리가 들리는 듯했다. 나도 노동자들이 정말 노동조합을 할지 말지, 어떤 결정을 내릴지 궁금해서 귀를 쫑긋 세우고 듣기 시작했다. 어렵게 마음을 정한 노동조합이 앞으로 어떻게 될지 이야기를 듣고 싶었다. 이야기는 고구마 줄기처럼 계속 뻗어 나왔고, 나는 노동조합을 만드는 길고 긴 이야기를 퍼즐 맞추듯 꿰며 쓰기 시작했다. 노동자들이 노동 해방을 느낀 공장 이야기를 이제 세상에도 들려주고 싶다.

아사히비정규직지회 노동자 22명

권재덕　1975년생. 경상북도 안동 출신. 아사히글라스에서 6년간 유리를 절단하고 양품과 불량을 구분하는 작업을 했다. 생활이 힘들어서 생계 투쟁을 했다. 지금은 복직해서 기분 좋게 일하고 있다.

김성한　1978년생. 친구 소개로 아사히글라스에 입사했다. 굿 공정 절단 생산 라인에서 3개월 정도 일했다. 그전에 다닌 오리온전기에도 노조가 있었지만, 그때는 활동하지 않았다. 희망퇴직을 하고 나온 뒤 꽤 후회했다. 아사히글라스에서는 또 후회하고 싶지 않아서 투쟁하기로 결심했다. 투쟁하면서 사람답게 사는 법을 배웠다. 이 배움이 희망이 됐고, 마음에 평화를 안겼다. 이 희망과 평화를 잘 가꿔 지키고 싶다.

김정태　1980년생. 경상북도 구미 출신. 2010년 친구 소개로 아사히글라스 하청 업체에 입사했다. 5년간 콜드 공정에서 부자재 이동, 글라스 샘플 제작과 측정, 순환실(유리 가루 모으는 곳) 청소를 담당했다. 노동조합에 관해 자세히 알게 되면서 아사히글라스에도 노조가 필요하다고 느꼈다. 9년간 복직 투쟁을 이어 오며 힘든 일도 있지만 배운 점도 많았다. 긴 투쟁 끝에 정규직으로 복직된 만큼 인간답게 살고 싶다. 현장 조직화가 빨리 진행돼 많은 조합원이 투쟁 현장과 집회에 함께하면 좋겠다.

김태우　1972년생. 경상북도 문경 출신. 짬장. 친구 소개로 아사히글라스에 입사했다. 3년간 굿 공정 절단 라인에서 적재 작업을 했다. 회사에 불만이 많았는데, 노조가 생겨서 가입했고, 해고됐다. 9년에 걸친 투쟁 끝에 지금은 현장에 복직해서 일하고 있다. 회사에 다니느라 돌보지 못한 생활을 잘 가꾸고 싶다.

남기웅 1983년생. 경상남도 진주 출신. 반복적으로 해고당하는 비정규직으로 살았고, 무직 생활이 길어진 탓에 번번이 생계가 힘들어졌다. 그러다 구인 광고를 보고 급하게 아사히글라스에 입사해 굿 공정 절단 생산 라인에서 일했다. 그 뒤 세정 라인으로 이동해 불량을 잡아내는 검사 업무를 맡았다. 퇴사를 고민하던 무렵에 노동조합이 만들어진다는 소식을 들었다. 삶이 더 나아지리라는 믿음이 생겨 가입했다. 그 뒤 해고당하고 노조 활동에 참여했다. 긴 투쟁에 지친 와중에 대법원 승소 소식을 들으니 꿈만 같았다. 지금도 동지들 얼굴을 보면 함께 일하고 있다는 현실이 문득 느껴져 신기하다. 이 삶을 유지하기 위해 앞으로도 열심히 노조 활동을 할 생각이다. 비정규직으로 투쟁한 경험과 그때 품은 마음가짐, 동지들에게 받은 따뜻한 연대도 절대 잊지 않겠다. 나보다 안 좋은 환경에서 일하는 노동자, 차별받는 노동자, 도움이 필요한 노동자들하고 함께 연대하며 살아가려 한다.

민동기 1982년생. 경상북도 구미 출신. 아사히글라스에서 글라스 출고 전 검사 업무와 지게차 업무를 주로 맡았고, 그 밖에도 잡다한 업무를 했다. 회사가 저지르는 폭력적인 행태와 인권 탄압을 참을 수 없어 노조에 가입했다. 9년간 투쟁하며 길거리에서 생활하다가 현장에 복귀하니 적응이 안 되지만, 기분은 좋다. 잃어버린 9년 인생을 되찾지는 못하겠지만, 동지 22명이 함께 있어서 행복하다.

박성철 1972년생. 대구 출신. 먼저 일하고 있던 옛 직장 동료가 소개해 2007년에 아사히글라스에 들어왔다. 그때는 세정 1라인과 세정 2라인밖에 없어서 세정 2라인에서 작업했다. 처음에는 노동조합에 참여할 생각을 하지 못했다. 다 함께 노조에 가입하자는 목소리가 커질 때는 노동자들이 바라는 뭔가를 얻을 수 있겠다는 기대도 했지만, 투쟁이 길어지면서 힘들고 고통스러운 시간을 보냈다. 그래도 세상이 어떻게 돌아가는지 조금이나마 보고 느낀 시간이었다. 현장에서 더는 스트레스를 받지 않고 행복하고 건강하게 지내면 좋겠다.

박세정 1972년생. 경상북도 김천 출신. 전에 다닌 회사 동료가 소개해 아사히글라스에 입사했다. 굿 공정 세정 3라인에서 유리 기판을 씻어 깨끗하게 만드는 작업을 했다. 회사 친구에 이끌려 노조에 가입했지만, 투쟁을 시작하면서 어려움을 많이 겪었다. 지금은 시작과 끝을 봐서 행복하다. 직장 생활도 만족스럽다. 어렵게 싸워 승리하고 복직해서 행복하다. 하루하루 좋은 삶을 살고 있다. 가정도 행복하다. 앞으로 살아갈 날도 꽃길이면 좋겠다.

송동주 1983년생. 경상남도 창원 출신. 주변에서 소개받아 아사히글라스에 입사한 뒤 2년간 제품 검사와 입고 업무를 담당했다. 노조를 만들면 노동 환경을 바꿀 수 있겠다 싶었다. 9년이나 걸렸지만, 결과적으로 노동자가 옳다는 사실을 증명해서 뿌듯하다. 오랫동안 힘든 시간을 보낸 만큼 앞으로 모두 행복하면 좋겠다.

안진석 1971년생. 경상북도 포항 출신. 꾸준히 할 수 있는 일자리를 찾다가 아사히글라스를 만났다. 굿 공정 세정 라인에서 5년간 일했다. 친하게 지낸 형님이 도와 달라고 해서, 그 형님을 도우려고 노조 활동을 시작했다. 사람을 학벌과 재력으로 나누며 어떤 이는 존중하고 어떤 이는 무시하는 사회가 아니라 모두 존중받는 사회가 되면 좋겠다.

오수일 1972년생. 부산 출신. 굿 공정 절단 생산 라인에서 3교대 근무를 2년가량 했다. 노조 활동을 하면서 삶이 완전히 달라졌다. 가족이나 친구들하고 보내는 시간이나 경제적 문제 등 평범한 일상은 잃었지만, 삐뚤어진 사회를 경험하는 시간이었다.

이민우 1974년생. 경상북도 칠곡 출신. 해고되기 전에 정사실에서 근무했다. 노동 환경을 바꾸고 싶어서 노조에 참여했다.

이영민 1970년. 경상남도 산청 출신이다. 아사히글라스 굿 공정 절단 생산 라인에서 6년간 일했다. 큰 불량 제품을 (불량 부위를 제거해) 작은 양품으로 만드는 작업을 했다. 노동자들이 공장에 출퇴근하는 모습을 바라보면서 작업장을 그리워했지만, 다시 일하고 싶지는 않다. 언제나 즐겁지는 않겠지만, 얼마 남지 않은 공장 생활은 동지들이랑 땀나지 않게 즐겁게 보내고 싶다.

임종섭 1971년생. 경상북도 구미 출신. 아사히글라스에 입사하고 6년 동안 단도리 작업을 했다. 노조에 가입하자마자 해고돼 9년 동안 웃고 울면서 보냈다. 지금은 복직해서 일하고 있다.

장명주 1980년생. 강원도 철원 출신. 아사히글라스에서 글라스 불량 양품을 판정하는 정사 업무를 주로 맡았다.

전민관 1982년생. 경상북도 구미 출신. 울산에서 자리를 잡고 싶은데 일이 잘 풀리지 않았다. 구미로 돌아와 취업 정보지 구인 공고를 보고 아사히글라스에 입사했다. 6년간 설비를 조작해 자동 세정 설비에 글라스를 투입하는 일을 했다. 시작은 단순했다. 회사가 세운 주도면밀한 계획에 따라 절차도 무시된 채 한낱 거짓말에 속아 공장 밖으로 내몰리는 부조리에 분노했다. 싸우면서 회사가 노동자들을 불법 파견한 사실을 알게 됐다. 정당하고 해 볼 만한 싸움이라고 생각해 투쟁을 시작했다.

조남달 1969년생. 2011년 아사히글라스에 입사했다. 굿 공정 세정 라인에서 3교대로 근무했다. 2015년 7월 노조 가입을 이유로 해고돼 9년간 투쟁했다. 2024년 4월 13일 뇌출혈로 쓰러져 수술과 재활 치료를 받느라 그해 7월 11일 대법원에서 열린 근로자 지위 확인 소송과 불법 파견 형사 소송 승소 판결을 보지 못했다. 8월 1일 조합원들이 모두 출근할 때도 출근하지 못했고, 아직도 병원에서 재활 치료를 받고 있다. 아사히지회가 회사를 상대로 협상해 1년간 병가 유급 휴직을 받았는데, 휴직 기간에 급여는 기본급의 70퍼센트를 받기로 합의했다.

차헌호 1973년생. 경상북도 상주 출신. 아사히글라스에서 주로 입고 업무를 맡았고, 현장 청소 등을 비롯해 온갖 잡다한 업무를 도맡았다. 노조를 설립하기 위해 아사히글라스 하청 업체에 입사했다. 6년 만에 노조를 설립했다. 노조 설립 한 달 만에 해고돼 9년 2개월을 해고자로 투쟁했다. 노조 활동이 많은 부분을 차지하는 삶을 살아왔다. 비정규직 운동은 세상을 바꿀 힘이 있다고 확신한다. 정규직이 됐지만, 비정규직 운동을 놓고 싶지 않아서 2025년 11월부터 회사에 휴직을 신청했다. 아사히글라스지회 대외협력부장으로 '비정규직 이제그만 공동투쟁'에서 상근 활동을 시작할 예정이다.

최진석 1984년생. 경상북도 구미 출신. 2013년에 아사히글라스에 입사해 세정 3라인에서 근무했다. 유리 기판을 기계로 집어 라인으로 투입해 세척하는 작업이다.

한상기　1978년생. 경상북도 상주 출신. 인간답게 살고 싶어서 노동조합을 만들었다. 9년에 걸친 투쟁 끝에 복직했다. 이제는 꽃길만 걸으면 좋겠다.

허상원　1970년생. 대구 출신. 아사히글라스에 입사하기 전에는 대리운전을 했다. 좀더 안정된 수입이 보장되는 일을 찾다가 소개를 받아 아사히글라스에 입사해 생산 라인에서 작업했다. 나쁜 노동 조건과 반인권적 현실을 바꾸고 싶어 노동조합에 가입했다. 생각보다 투쟁이 길어졌지만, 스스로 한 선택이 틀리지 않다는 사실을 보여 주고 싶어서 끝까지 함께했다. 아사히글라스에서 정년퇴직을 맞이하는 꿈을 꾼다. 투쟁하면서 소홀히 한 가족과 친구들에게도 좋은 모습으로 남고 싶다.

황태섭　1976년생. 경상북도 문경 출신. 한욱테크노글라스 아웃소싱 업체에 다니다가 계약 해지를 당했다. 아는 사람이 소개해 지티에스를 알게 됐고, 2009년 아사히글라스에 입사했다. 굿 공정 절단 생산 라인에서 6년간 일했다.

고요한 노동자 가슴에 돌 던지는

"차헌호만 빼면 된다지만 결국 모두 나가라는 뜻 아닙니까."

회사가 태도를 달리하는 모습을 직접 눈으로 보면서 백은호는 그동안 노조를 믿지 않던 마음을 누그러트리고 차헌호하고 함께 노조를 해 보기로 마음을 정했다.

사건이 벌어진 날은 2015년 4월 13일이었다. 월요일은 아주 바쁜 날인데도 회사는 콜드 공정 리더들이 출근하자마자 현장을 돌아볼 시간도 주지 않고 사무실로 불러들였다. 현장에서 리더란 흔히 반장을 말한다. 리더들이 일하는 공장은 구미공단에 자리한 아사히글라스로, 휴대폰 액정 유리를 생산하는 일본 기업이다. 리더들이 소속된 회사는 지티에스로, 아사히글라스가 콜드 공정과 굿 공정* 하도급 계약을 맺은 사내 하청 업체다.

회사, 그러니까 지티에스는 현장 리더들에게 아사히글라스가 5월 21일 자로 지티에스하고 도급 계약을 축소할 예정이라 콜드 공정 상근 인력을 조정해야 하는 상황이라고 설명했다. 갑작스러운 소식을 들은 현장 리더들은 아무 말도 하지 못했다. 조금 뒤 11시쯤, 회사는 콜드 공정에서

---

* 아사히글라스는 디스플레이용 초박막 액정 표시 장치(TFT-LCD)용 유리 기판을 제조하는 공장을 운영한다. 유리 기판 제조 공정은 핫(HOT) 공정, 콜드(COLD) 공정, 굿(GUT) 공정, 기판 가공 공정으로 구성된다. 핫 공정은 용해로(가마)에 넣어 녹인 유리 원료를 넓은 띠 형태로 성형해 냉각하는 과정이다. 콜드 공정은 핫 공정에서 성형돼 컨베이어 벨트 위로 이동하는 유리를 검사(정사), 절단, 포장해 출하하는 과정이다. 굿 공정은 세정 공정과 절단(OFF) 공정으로 나뉘는데, 세정 공정은 품질에 문제가 있어 재검사나 세정이 필요한 제품을 재유동하는 과정으로, 투입-세정-검사(정사)-포장-입고-출하 순서로 진행된다. 절단 공정은 결함 있는 제품이나 정상품을 작은 크기로 절단하는 과정으로, 투입-절단-세정(일부 라인)-포장-입고-출하 순서로 진행된다.

주간 근무만 하는 상근직을 전원 소집하더니 휴게실에 모아 놓고 설명회를 열었다. 아사히글라스가 사내 하청 업체 지티에스에 맡긴 업무 중에서 콜드 상근 업무 도급 계약을 해지하겠다는 통보를 한 사실이 주된 내용이었다. 지티에스는 노동자 16명에게 권고사직을 통보했다.

지티에스 이사는 권고사직을 받아들이면 '퇴직 위로금을 기본급 100프로 지급하겠다', '실업 급여를 수령할 수 있게 해 주겠다', '회사에 결원이 발생하면 우선 채용하겠다'고 선심 쓰듯 생색냈다. 그때만 해도 노동자들은 어쩔 수 없는 일이라고 여겼다. 갑작스럽게 권고사직을 통보받은 사람들은 올 것이 왔다고 생각했다. 권고사직을 당하는 3교대 근무자를 종종 지켜봤다. 언젠가 자기에게 닥칠지도 모를 일이라고 쉽게 상상할 수 있었다. 표정이 굳어졌다. 옆 사람 숨소리도 들리지 않을 만큼 침묵은 깊었고, 시간이 멈춘 듯했다. 설명회가 끝나자 차헌호가 충격에 빠진 사람들을 깨우며 말을 시작했다.

"권고사직은 사직서를 내라고 권유하는 거예요. 저희가 사직서를 내지 않으면 회사도 함부로 우리를 해고할 수는 없어요."

차헌호는 순순히 권고사직을 받아들이지 말고 다른 방법을 찾아보자고 설득했고, 노동자들은 당장 회사를 그만두지 않을 방법이 있다면 찾고 싶었다.

"단톡방을 만들어서 예상되는 일들을 같이 의논하자고

했어요. 동료들이 각자 개인 면담을 하고 나면 주고받은 대화를 알려 줬고, 어떻게 할지도 의논하기 시작했어요."

회사는 곧바로 개별 면담을 시작했다. 지티에스 이사는 노동자를 만날 때마다 권고사직서를 내밀었다. 16명 중 정부영(가명) 리더와 3명은 권고사직을 받아들이겠다고 했지만, 나머지 12명은 생각할 시간을 달라고 요청했다. 지티에스 이사는 면담을 다시 진행했다. 2차 면담에서 노동자 12명은 다 같이 권고사직을 받아들이지 않겠다는 의사를 밝혔다. 지티에스 이사는 기다린 듯 정리 해고를 하겠다고 말했다.

"여러분 의견을 파악했으니, 진행 절차상 정리 해고 예고통지서를 발부하겠습니다."

"너무 급하게 진행하는 거 아닙니까?"

정리 해고를 통보하겠다는 이사의 말을 듣고 차헌호가 항의했다.

"4월 17일까지 결정해야 하는 일정이라 어쩔 수 없습니다."

이사는 말했다. 권고사직을 받아들인 정부영이 퇴직 의사를 번복하고 지티에스 이사에게 굿 공정에 상근 업무로 전환 배치를 해 달라고 요구한 사실이 알려졌다. 지티에스 이사도 긍정적으로 답변하더라는 소문이 돌았다. 그런데 그만두지 않겠다는 12명은 정리 해고를 하겠다는 태도가 수상쩍었다. 노동자 12명은 권고사직을 받아들이지 않겠다는 목소리를 한층 크게 낼 수 있었다.

지티에스 이사는 개별 면담에서는 차헌호에게 쩔쩔매면서 나가 달라고 사정했지만, 다른 이들 앞에서는 공공연하게 차헌호를 험담하고 경고했다.

"차헌호는 블랙리스트예요. 차헌호만 믿고 가면 안 됩니다."

사직서를 쓰면 나중에 불러 주겠다는 말로 달래고 설득했다. 다른 이들이 차헌호가 권고사직을 받아들이지 말라더라고 하자 이사는 안 나가면 너만 손해 본다면서 권고사직서를 내밀며 사인을 종용했다. 동료들은 각자 면담한 내용을 공유했다. 주고받은 대화를 알게 된 노동자들은 분개했다.

"차헌호만 빼면 된다지만 결국 모두 나가라는 뜻 아닙니까."

노동자들은 일주일가량 개별 면담이 끝난 뒤에도 모두 그만두지 않겠다는 의지를 굽히지 않았고, 이사는 성과를 거두지 못했다. 결국 지티에스 정재윤 사장이 직접 나섰다.

—

차헌호는 입사한 지 6년 만에 처음으로 사장을 만났다.
"전달이 잘못된 것 같습니다. 정리 해고가 아닙니다."
지티에스 사장이 한 말을 받아 이사는 아사히글라스 비

정규직 노동자들 앞에서 말을 잘못 전한 듯하다며 사과했다. 사장은 콜드 공정 상근 인력 16명에게 권고사직을 해야 하는 이유를 이렇게 다시 설명했다. 아사히글라스는 계열사에서 플라스마 디스플레이 패널PDP 생산을 중단하자 정규직 유휴 인력을 구미 공장으로 전환 배치하기로 결정했다. 말하자면 아사히글라스는 정규직 유휴 인력을 지티에스가 맡고 있는 콜드 공정 상근 업무로 전환 배치하기 위해 콜드 공정 도급 계약을 해지하겠다고 지티에스에 통보했고, 지티에스는 해당 직원에게 권고사직을 통보했다.

노동자들은 사장이 설명하는 이유를 납득할 수 없었다. 그 계열사는 이미 2014년 9월부터 생산을 중단해 유휴 인력이 발생했지만, 아사히글라스는 상관없이 지티에스를 상대로 2015년에 도급 계약을 맺었다. 매년 계약을 갱신한 데다 계약 기간이 한참 남아 있는데도 5월 21일 자로 갑자기 계약을 해지한다는 결정은 이해할 수 없었다. 더구나 일 잘하고 있는 노동자들에게 무턱대고 권고사직을 하라고 하니 도무지 납득할 수 없었다.

사장은 계속 말했다.

"권고사직을 하면 퇴직 위로금으로 기본급 200프로를 지급하고, 본인이 원할 경우에는 지티에스 계열사로 급여 변동 없이 진적(소속 회사 변경) 처리해 주겠습니다. 권고사직을 거부하는 인원은 굿 공정 3교대로 전환 배치하겠습니다. 아니면 지인에게 부탁해서 (구미공단 내) 다른 도급 회사에 취직이 될 수 있도록 애써 보겠습니다."

사장이 제시한 안은 이사가 내민 안보다는 두툼했다. 잔인한 설명 뒤에 덧붙인 말은 친절했다.

"궁금한 게 있으면 주말에라도 마음 편하게 연락 주세요."

사장은 지티에스 현장 사무실 칠판에 휴대폰 번호를 적었다. 노동자들은 사장이 내놓은 기본급 200퍼센트를 퇴직 위로금으로 받는 안과 굿 공정 3교대 전환 배치안을 두고 머리를 맞대어 의논했다. 굿 공정 3교대 상시 모집반은 늘 구인 공고를 하고 있었다. 그만큼 일이 힘들고 고됐다. 노동자들은 기왕에 시작한 단체 행동인 만큼 물러서지 않고 일단 자리를 옮겨 보기로 뜻을 모았다. 전환 배치를 요구하는 노동자들의 단체 행동은 계속됐다.

비정규직 노동자들은 회사가 원하는 대로 순순히 권고사직을 받아들이지 않고 아사히글라스에서 처음으로 단체 행동을 감행했다. 지티에스 사장도 더는 권고사직을 강요할 수 없다는 사실을 깨닫고 노동자들이 하는 요구에 귀를 기울였다. 노동자들은 일할지 말지를 스스로 결정하려 했다.

"병가 요양 중인 사람 포함해서 열두 명 중에 여섯 명이 굿 공정 3교대로 전환 배치를 희망했고, 나머지는 권고사직을 받아들였어요."

노동자들이 의논한 결과를 차헌호가 사장에게 설명했

다. 노동자들은 3교대 근무로 전환하기 위한 적응 기간이 필요하다는 요구를 추가했다.

"주간 근무를 하면서 3교대와 야간 근무에 적응할 수 있는 기간이 한 달간 있어야 합니다."

"한 달은 무리이고, 한 일주일 정도 주간 근무하면서 교육받고 바로 3교대 작업을 하면 좋겠습니다."

사장은 노동자들이 굿 공정 작업자들하고 잘 융화하지 못할까 봐 걱정했다. 차헌호도 밀리지 않고 계속 말했다.

"최소 2주간은 적응 기간이 필요합니다."

차헌호가 강하게 요구하자 사장은 노동자들 요구를 받아들였다. 4월 22일 면담에서 사장은 2주 동안 주간 근무를 하면서 적응 기간을 두기로 조치하겠다고 약속했다. 12명이 똘똘 뭉쳐서 싸운 덕택에 권고사직이 정리 해고로 이어지지 않고 전환 배치를 거쳐 일자리를 지킨 선례를 남길 수 있었다. 지티에스 소속 노동자 170여 명이 모두 지켜보고 있다고 생각하니 차헌호는 가슴이 뿌듯했다. 그러나 막상 부서 전환 배치를 앞둔 시기가 되자 네 사람만 남고 대부분이 사표를 쓰고 떠났다.

"한 번 싸우면 찍히고, 찍히면 어딜 가더라도 버텨 내기 어렵다는 게 그만두는 가장 큰 이유였어요."

떠날 사람은 떠나고 남을 사람만 남았다. 전환 배치될 예정인 굿 공정 3교대 근무지는 가장 험하고 힘들어서 오래 일하지 못한다고 소문난 곳이었다. 앞서 말한 대로 갓 입사한 신입 사원이 금방 떠나기로 유명했다. 주간 근무만 하던 노동자들이 3교대 근무를 하기도 쉽지 않을 터였다.

―

 노사 간 협상은 잘 매듭된 듯했다. 그렇지만 일주일도 채 지나지 않은 4월 28일, 사장은 차헌호와 백은호 두 사람을 사무실로 불렀다. 사장은 두 사람에게 새로운 안을 제시했다. 지티에스 계열사인 오티에스가 도급 계약을 체결한 사업장에 급여 변동 없이 상근직 근무 조건으로 옮겨 가면 어떠냐고 헸다. 오티에스는 지티에스의 모기업이나 다름없었다.

 차헌호는 아사히글라스 공장을 떠나 다른 공장에 갈 생각은 없었다. 합의 사항을 이행하라고 요구해도 시간만 끌던 사장은 5월 19일 오후 2시에 인사 발령을 냈다.

 애초에 권고사직을 받아들이겠다고 하다가 의사를 번복한 정부영은 굿 공정 상근직으로 인사 발령을 받았다. 권고사직을 거부하고 단체 행동을 벌인 김정태와 김승환은 굿 공정 3교대 근무로 발령이 났다. 그렇지만 차헌호와 백은호 두 사람은 사장이 제시한 오티에스가 아니라 새롭게 등장한 한욱솔더라는 납땜 공장에 인사 발령이 났다. 이마저도 사장은 말을 지키지 않았다. 앞뒤가 맞지 않는 조치였다. 한욱솔더는 아사히글라스하고 아무런 관련이 없을뿐더러 평소에 전혀 접한 적도 없는 공장이었다. 차헌호는 지티에스 관리자에게 따져 물었다.

"4월 22일 면담할 때 굿 공정 3교대로 보내 주겠다고 하고는 왜 다른 사업장으로 발령을 내는지 이해하기 어렵습니다."

지티에스 관리자는 인사는 경영진 고유 권한이라는 궁색한 변명을 늘어놓았다.

"차헌호 씨가 처음부터 3교대 근무로 전환하기 전에 적응 기간이 한 달이나 필요하다고 했잖아요. 한욱솔더 사업장은 평소에 두 사람이 원하던 상근 근무 조건인데다가 출퇴근 거리도 가깝습니다. 거기다 급여 변동도 없어서 오히려 차헌호 씨와 백은호 씨 두 사람에게 유리한 인사 발령이라고 생각합니다. 또 굿 공정 서브 리더들이 콜드 공정에서 리더이던 차헌호 씨와 백은호 씨에게 작업 지시를 하는 게 부담스럽다고 합니다. 한욱솔더로 가면 임금과 근로 조건도 떨어지지 않고 문제될 게 없지 않습니까? 회사 지시에 따라 주십시오."

다음 날인 5월 20일에는 백은호도 개별 면담을 했다. 지티에스 과장하고 함께 한욱솔더 사업장을 방문하기로 했지만, 백은호는 거부했다. 백은호에게는 두 번째 해고나 다름없었다. 차헌호와 백은호는 회사가 발령 낸 납땜 공장이 아니라 아사히글라스 공장에 출근했다. 두 사람은 약속을 지키라고 요구하면서 또다시 단체 행동을 시작했다.

백은호는 평소에 회사를 위해 헌신하고 충성했다. 회사 관리자가 시키는 일이면 뭐든지 다 하는 충복 같은 이였지만, 회사는 그런 과거를 알아 주지 않았다. 부서 사람들이 다 같이 권고사직을 당하자 의지하던 세계에도 금이 갔다. 차헌호를 비롯한 동료들이 단체 행동을 하자 회사가 태도를 달리하는 모습을 직접 눈으로 보면서 백은호도 노조를 믿지 않던 마음을 누그러트리고 함께 노조를 해 보기로 마음을 정했다.

지티에스는 두 사람에게 아침 8시 20분까지 한욱솔더 사업장으로 출근하라고 명령했다. 두 사람은 지티에스가 내리는 부당한 인사 조치는 따르지 않겠다면서 아사히글라스로 출근했다. 지티에스 과장은 아침마다 한욱솔더로 출근해서 두 사람에게 문자를 보냈다.

> 지티에스 사업소 한욱솔더에 출근하지 않고 있네요. 결근 처리됩니다.

차헌호는 이렇게 답장했다.

> 과장님 저는 지티에스로 출근했습니다. 결근 아닙니다.

다음 날도 같은 문자를 주고받았다.

> 안녕하세요. 지티에스 과장입니다. 지티에스 사업소 한욱솔더에서 기다리고 있습니다. 빨리 오세요.

아사히글라스 공장에 출근하는 차헌호에게 지티에스는 경고했다.

> 차헌호 씨의 인사 발령지는 지티에스의 한욱솔더 사업장이므로 아사히글라스 사업장 출입이 불가합니다.

지티에스는 한욱솔더하고 5월 22일 자로 도급 계약을 체결했고, 같은 날 아사히글라스 굿 공정에 사원 모집 채용 공고를 게시했다. 아사히글라스와 지티에스가 차헌호와 백은호 두 사람을 공장 안에 들여놓을 수 없는 어떤 이유가 있다고 충분히 의심할 만한 상황이었다. 또한 같은 날 아사히글라스는 차헌호와 백은호 두 사람을 대상으로 공장 출입을 통제했다.

> 조용하고 고요한 연못에 돌 하나를 던지면 잔잔한 연못에 파동이 일어납니다. 노동조합이란 그런 것입니다. 현장의 불합리한 구조는 그냥 바뀌지 않습니다.

— 2015년 노조 설립을 위해 차헌호가 현장 노동자들에게 보낸 문자 메시지

노동자 도시로 떠난 시골 청년

"스물셋에 아이가 생겼어요. ……
돈을 벌어야겠다 싶었어요."

아사히글라스는 일본을 대표하는 전범 기업 미쓰비시 그룹 소속 계열사다. 이와사키 야노스케 미쓰비시 사장의 차남인 이와사키 도시야가 1907년에 설립한 유리 회사다. 차헌호는 아사히글라스가 2차 대전에 협력한 전범 기업이라는 사실을 알고는 아버지를 떠올렸다. 엄혹한 일제 강점기에 어린 시절을 보낸 아버지는 강제 징용 피해자였다. 사과도 배상도 받지 못한 채 일찍 세상을 떠났다. 아버지는 경상북도 상주군 청리면 차씨 집성촌 고향 마을에서 가정을 일궈 늦은 나이에 딸과 아들을 낳아 키웠다. 아버지는 장날이면 종종 자전거에 귀하디귀한 늦둥이 외동아들 태워 짜장면을 사 줬다. 가난한 살림인데도 아들에게 농사일을 거들지 못하게 했다.

"아버지는 내가 스물이 되던 해에 돌아가셨어요. 시골에 사는 스물 넘은 청년에게는 농사 말고 할 일이 없었어요. 그래서 친구 집에 놀러 가듯 나간 곳이 구미예요."

동네에서 함께 자란 동생이 구미로 가서 돈을 번 소문을 들었다. 그 동생은 집에 트럭도 한 대 장만해 줬다. 차헌호도 고향 동생을 따라 무작정 구미로 떠났다. 동생네 집에서 잠시 신세를 지며 코오롱 하청 공장에 취직했다. 그 시절 차헌호는 하청이 뭔지도 몰랐다. 간판이 코오롱이니 그저 코오롱인 줄 알았다.

"그러고 보니 정문으로 출근한 적이 없었어요. 늘 뒷문으로 다녔지. 돈 벌면 집에 보태지도 않고 내가 다 썼어요.

일하기 싫으면 안 나갔고, 직장이라는 개념 없이 돈벌이하는 곳이었죠."

그렇지만 갓 스물 된 청년에게 현실은 가혹했다. 12시간 주야 맞교대 근무가 기본이고 24시간 연속으로 근무할 때도 있었다. 오래 다닐 일자리가 못 된다고 생각해 자격증을 따러 학원을 다니고 직장도 옮겨 봤다.

"스물셋에 아이가 생겼어요. 부모가 돼야 하니까 돈을 벌어야겠다 싶었어요. 안정적인 직장이 필요했어요."

좋은 아빠가 되려고 찾은 직장이 한국합섬이었다. 1995년에 입사했다. 하루도 쉬지 않고 일했다. 1년 뒤 한국합섬에 노동조합이 생겼다. 그때부터 시작된 걸까? 차헌호 인생에는 노조가 언제나 짝꿍처럼 붙어 다녔다.

"당시에는 공장에 다니는 노동자는 누구나 노동조합을 하던 시절이라 나는 아무 생각이 없었어요. 노조는 자연스러웠죠. 나는 한국합섬 정규직이었고, 아내는 코오롱 정규직이었거든요. 경제적으로도 큰 어려움 없이 살았어요."

―

한국합섬은 한국노동조합총연맹(한국노총) 소속이었다. 노동자 두 명이 일하다 죽는 산재 사망 사건이 벌어진 상황에서도 노조는 있으나 마나였다. 유령 노조처럼 아무런 행동도 하지 않자 노동자들은 분노했다. 때마침 현장에서는 노조 민주화 움직임이 시작되고 있었다. 회사도 가만히 있지 않았다. 노동자들이 파업 투쟁을 시작하자 공장에 경찰을 불러들였다. 회사가 노동자들 말에 귀 기울이지 않으면서 파업은 장기간 이어졌다. 회사는 공권력을 앞장세워 무차별 공격을 감행했다. 경찰이 노동자를 연행하고 구속했다. 탄압이 도를 넘어서자 노조 지도부는 고공 농성을 감행했고, 분신으로 항거하는 노동자도 생겼다. 투쟁은 걷잡을 수 없이 번졌다. 노조 민주화 흐름 속에서 전국민주노동조합총연맹(민주노총)이 출범하던 그때 한국합섬 파업 투쟁은 구미 지역을 들썩거리게 했다.

차헌호에게 한국합섬 노조는 첫 경험이었다. 공장에서 함께 일하던 동료들하고 함께 노동조합을 따라다녔다. 노조가 파업하면 기계를 멈추고 공장 한가운데 모였다. 집회도 하고 문화제도 열었다.

"끼가 넘치는 사람들이 많았어요. 노래를 엄청 잘 부르는 거예요. 함께 춤추고 문화제를 마치면 뒤풀이한다고 고기 구워 먹고, 다 같이 서울 상경 투쟁도 가고, 경찰들이 공장 침탈한다고 하면 밤새도록 공장을 지켰어요. 그때 노조를 깊이 들여다봤어요."

한번은 파업 중에 동갑내기 부서 대의원이 구속되는 일이 있었다. 그 대의원 어머니를 모시고 면회를 갔다. 시골에서 아들을 만나러 온 어머니 옆에 앉아 철창 안에 갇힌 동료를 만난 차헌호는 눈물을 흘렸다. 차헌호는 파업 결과를 제대로 알지 못했다. 공장은 혼란스러웠다. 사람들은 어수선한 틈바구니에서 바람 새듯이 떠나갔다.

한국합섬 바로 옆에 새로 생긴 섬유 공장에서 일할 사람을 구한다는 소문이 들렸다. 한국합섬하고 비슷하지만 자동화 시스템을 훨씬 잘 갖춘 현대식 공장이라고 했다. 금강화섬이었다. 차헌호도 일하다가 잠깐 면접을 봤고, 며칠 뒤 출근하라는 연락을 받았다. 영화가 끝나면 관객이 극장을 나가듯이 차헌호도 한국합섬을 나왔다. 차헌호는 그때 그 시절 한국합섬에서 경험한 노동조합과 파업 투쟁을 한마디로 정리했다.

"마치 〈파업전야〉 같은 영화를 한 편 본 느낌이었어요."

—

'현대식', '최신형', '자동화' 같은 단어를 떠올릴 만큼 금강화섬은 섬유 공장치고는 꽤 깔끔하고 좋아 보였지만, 아침에 눈 뜨면 회사에 가기 싫은 날이 많았다. 3조 3교대 근무는 아침 7시에 출근해서 오후 3시에 퇴근해도 그날 밤 11시에 다시 출근할 정도로 빡빡하게 돌아갔다.

금강화섬에도 노동조합이 만들어졌다. 노동자들은 파업을 벌여 노동 조건과 작업 환경을 개선했다. 3조 3교대가 4조 3교대로 바뀌었다. 노동조합을 하면서 작은 일도 동료들이랑 의논하기 시작했고, 바뀌는 현장만큼이나 사람들이 변하는 모습을 가까이 지켜볼 수 있었다.

"자기밖에 모르던 사람이 달라지다가도 상황이 여의치 못하면 되돌아가기도 했지만, 그래도 사람이 변화하는 과정 자체가 무척이나 경이로웠어요. 노동조합을 통해서만 할 수 있는 경험이었죠."

그러나 노동자들은 하루아침에 공장 폐업을 맞닥트려야 했다. 뒤늦게 섬유 산업에 뛰어들면서 자동화 시스템 등 최신 설비를 갖추려고 막대한 투자까지 한 금강화섬 경영진은 갑자기 공장을 운영하지 않겠다고 발표했다.

"왜 문을 닫느냐고 항의하면서 싸움이 시작됐어요. 고의 부도가 아닌지, 고의 폐업이 아닌지. 우리는 공장 설비와 생산 수단, 토지를 내어 주지 않겠다며 공장을 점거하고, 자본에게 책임지라고 요구하면서 싸우기 시작했어요. 사실 저는 그때 정말 공장이 노동자의 것인지 아닌지 테스트를 한번 해 본 것 같아요."

1년 넘게 공장 폐업을 막아 보겠다고 싸웠다. 아니, 폐업은 막을 수 없더라도 피해를 노동자들에게 고스란히 떠넘기는 일은 막고 싶었다. 노동자들은 하루아침에 일자리를 잃었고, 삶을 지탱할 수 있는 어떤 수단도 받지 못했다. 나락으로 떨어질 위험에 몰린 노동자들이 추락하지 않게 붙잡고 싶은 마음일지도 모르겠다. 결과적으로는 공장 폐업은 막지 못했다. 그렇지만 차헌호는 져도 이긴 싸움이라고 평가했다. 노동자가 공장의 주인이라는 사실을 자각한 투쟁이라고 했다. 차헌호는 금강화섬노동조합 사무국장이었고, 폐업 투쟁을 시작할 때는 상황실장을 맡아 투쟁을 지휘했다. 책임을 다하겠다고 마음먹었으며, 구속도 각오하고 싸웠다. 금강화섬 폐업 투쟁이 마무리 국면에 접어들 때 차헌호는 금강화섬 투쟁 백서 《공장은 노동자의 것이다》를 출간하고 구속됐다.

"금강화섬 투쟁을 하면서 세상 이치를 봤어요. 세상은 투쟁을 통해 변한다는 사실을 알게 됐죠. 패배 속에서도 승리를 챙겨 갈 수 있는 싸움이 있다고 느꼈고, 배웠어요."

결국 노동자들은 일자리를 잃었고, 구속자가 생기는 희생도 치렀지만, 차헌호에게 노동조합은 절망이 아니라 희망으로 다가왔다. 그리고 대구교도소에 수감돼 있는 동안 미래를 설계했다.

"40대는 현장에 바치겠다고 각오했어요. 금강화섬 투쟁을 하면서 구미를 바꿔야겠다는 오기가 생기더라고요."

2006년 가을, 대구교도소에서 출소한 차헌호가 가장 먼저 찾아간 곳은 지게차와 포클레인 등 중장비 운전기능사 자격증을 따는 학원이었다. 금강화섬에 다니던 동료 중에는 다른 곳에 취업하지 못해 구미를 떠나는 사람이 생겼다. 자영업에 뛰어든 사람도 늘었다. 노조 블랙리스트라는 유령이 떠돌고 있나 싶을 정도로 금강화섬 폐업 투쟁에 참여한 노동자들은 구미에서 더는 취업을 하지 못했다. 그런 지경이니 노조 활동 경력에 구속까지 당한 차헌호가 갈 만

한 곳이 있을 리 만무했다. 그래도 차헌호는 구미를 떠나지 않을 작정이었다. 하루도 빠짐없이 학원에 출석 도장을 찍었다. 원장에게 취업을 알선해 달라고 부탁했다. 총무 직책을 맡아 남들보다 일찍 등교해서 강의실을 청소하고 남들보다 늦은 시간까지 남아 허드렛일을 도맡았다. 그런 모습을 좋게 본 원장이 자격증을 따자마자 가장 먼저 차헌호에게 취업을 알선해 줬다. 심지어 삼성그룹 산하 제일모직이었다.

사내 하청 지게차 기사로 2년 동안 일만 했다. 주간만 근무하고 적당한 월급을 받을 수 있는, 고되지 않은, 꽤 좋은 조건이지만 정규직은 아니었다. 차헌호에게 그곳은 경력만 쌓는 직장이었다. 비정규직이 많은 공장을 찾아 이직해야겠다고 생각했다.

"나는 비정규직으로 일했어요. 노동 운동을 하는 삶을 살기로 마음먹었고, 비정규직 노동 운동을 하겠다고 정했어요."

2009년 9월 화창한 어느 가을날이었다. 제일모직에서 지게차를 운전하다가 잠깐 쉬는 동안 《교차로》에 실린 구인 광고를 펼쳐 보고 있었다. 마침 아사히글라스에서 사원을 모집한다는 광고가 눈에 들어왔다. 하루 휴가를 내고 면접을 보러 갔다. 1000명도 넘는 사람이 일하는 대공장이었다.

공장을 둘러본 차헌호는 그곳에서 노조를 만들고 싶었

다. 아사히글라스 공장 경비실 옆 휴게실에서 면접을 봤다. 하청 관리자가 나와서 업무를 간단히 설명하는데 귀에 잘 들어오지 않았다. 경비실을 오가는 직원들에게만 관심이 쏠렸다.

"이직하면 임금이 40~50만 원 정도 깎이겠더라고요. 노동 조건도 더 열악한 곳이지만 비정규직 노조를 하러 들어가니까 마음은 설렜습니다. 아내한테 거짓말을 하고 아사히글라스로 가겠다고 마음을 정했어요."

며칠 뒤 출근하라는 연락을 받았다. 목에 걸고 다니는 사원증을 받았는데, '출입증'이라고 적혀 있었다. 공장 안에 자가용을 들일 수 있게 허용하는 차량 스티커도 받았다. 정규직은 파란색, 하청 노동자는 노란색이었다.

"왠지 노란색이 가볍게 느껴졌어요."

자신감을 가지자.

현장 동료들은 노동조합이 필요하다고 말한다. 하물며 관리자도 노동조합은 있으면 좋다고 한다. 그런데 왜 노동조합을 만들기를 주저하는가. 우선 노동조합에 대해서 잘 모르기 때문이다. 노동조합을 어떻게 만들고, 현장을 어떻게 조직하고, 회사와 맞서서 어떻게 싸울 것인지 모르기 때문이다. 그것은 어려운 문제가 아니다. 하나씩 배워 나가면 된다. 문제는 노동조합을 통해서 현장을 새롭게 바꾸고 일할 맛 나는 일터를 만들겠다는 우리의 의지다. 우리의 의지를 분명히 세우고 책임지는 자세를 가진다면 현장 동료들은 우리를 믿고 함께한다.

아직 현장에서 노동조합을 진짜로 만들 것인가에 대한 의문이 있다. 혹시라도 나섰다가 잘못되면 어쩌나 하는 걱정도 있다. 당연히 할 수 있는 생각이다. 9년간 회사의 일방적이고 수직적인 관리 방식이 유지되고 있으니 그럴 만도 하다.

불합리하고 비인간적인 관리 방식을 깨야 한다. 저임금의 열악한 근로 조건은 개선해야 한다. 그것을 하라고 법으로 보장하고 있는 것이 노동조합이다. 더 이상 빼앗길 것도 없는 우리에게 노동조합은 필연이다. 현장의 상황은 노동조합을 만들기에 충분히 무르익었다. 우리는 노동조합으로 책임지고 나아가야 한다. 서로 믿고 함께한다면 노동조합은 쉽게 자리를 잡는다. 모두의 힘으로 현장은 새롭게 바뀐다. 자신감을 가지고 서로 믿고 의지하며 힘을 모아 나가자.

— 2015년 노조 설립을 위해 차헌호가 현장 노동자들에게 보낸 문자 메시지

다른 세상을 만들 수 있다는 희망

"구미공단에서 20년을 일했지만,
이런 사업장은 처음 봤어요."

차헌호는 아사히글라스에 면접을 보기 전에 준비를 많이 했다. 공장 안에 들어서자 너무 긴장한 나머지 팔다리가 빳빳해지는 느낌마저 들었다. 면접 장소는 경비실 옆에 있는 휴게실이었다. 면접은 아주 간단했다. 하청 업체 관리자는 잠시 서류를 훑더니 차헌호 얼굴을 바라봤다. 별일 아니라는 듯이 나중에 연락을 주겠다고 했다.

아사히글라스는 텔레비전, 컴퓨터, 노트북, 휴대폰 등에 들어가는 아주 얇은 액정 유리를 만드는 기업이다. 일본에서 100년 넘게 유리를 생산했다.

"아사히글라스에 입사할 때 연 매출이 1조가 넘더라고요. 많이 벌 때는 1조 5000억 원이었고요. 굉장히 잘나간다는 얘기를 들었는데, 우리 같은 비정규직한테는 최저 임금만 주고 일이 없으면 그만두라고 권고사직을 시키는 모습을 보면서 완전히 돈만 벌러 온 기업이라는 느낌을 받았죠. 뭐 인권도 없고, 기본 존중도 없는 기업이라는 생각을 했어요."

차헌호는 아사히글라스 공장에 출근했지만, 소속은 사내 하청인 지티에스였다. 주로 3교대 근무를 하는 사람이 많았는데, 차헌호는 콜드 공정 상근직이라서 주간 근무만 했다. 중장비 학원에 다닐 때처럼 아사히글라스에서도 다른 사람들보다 일찍 출근하고 성실하게 일했다.

"정규직을 보조하는 단순한 잡일이에요."

하는 일을 설명해 달라고 할 때마다 대수롭지 않게 말하지만, 자세히 들으면 그리 간단하지 않았다.

차헌호는 제품이 생산되면 외관 검사를 했다. 제품을 선별하고 분류해서 창고에 보관해 놓다가 출하할 수 있게 옮기는 일이었다. 현장에서는 주로 지게차를 운전했다. 유리를 적재할 때 유리 사이에 넣어서 유리에 금이 가지 않게 하는 롤지는 무게가 1톤 정도였다. 유리가 적재된 팰릿에 들어가는 태그지 등 부자재 종류를 파악한 뒤 재고가 떨어지면 채워 넣었다. 원래 부자재 관리는 원청 정규직들 몫이지만 실제로 사내 하청 노동자들이 관리했다. 생산 라인에 떨어진 유리 가루를 청소하고 정규직이 시키는 온갖 잡다한 일을 도맡아서 했다. 기술 자격증이 따로 필요하지는 않지만, 업무 내용은 복잡했고 할 일은 다양했다. 현장이 돌아가는 상황을 제대로 파악하지 않으면 할 수 없는 일이 수두룩했다. 유리가 평탄한지 측정하는 회진 업무도 했다.

그토록 많은 고된 업무 중에서 순환실에 쌓여 있는 유리 가루를 일일이 삽으로 자루에 퍼 담는 일이 가장 힘들었다. 희뿌연 분진을 온몸에 다 뒤집어써야 했다. 이야기를 듣는 나는 고되고 위험하다고 생각했지만, 차헌호는 그저 정규직을 보조하는 단순하고 반복적인 일이라고 할 뿐이었다.

누구보다 근면하고 성실하게 주어진 일에 최선을 다하자 남들보다 일찍 승진할 기회가 왔다. 공정 내 부서에서 반장 임무를 맡는 현장 리더가 됐다. 단지 근면하고 성실하다고 해서 한 승진은 아니었다. 회사가 함부로 대한 탓에 비정규직 노동자는 애사심을 갖기 어려웠고, 노동자들은 다른 일자리를 찾아 떠날 궁리만 했다. 이직이 잦다 보니 오래 일한 경력자가 늘 부족했다. 조금만 노력하면 누구나 현장 관리자가 될 수 있었다. 리더 같은 현장 관리자가 된다고 해도 노동 조건이 별반 달라지지 않았다. 임금도 거의 차이나지 않고 일이 더 쉬워지지도 않았다. 결국 노동자들은 다른 일자리가 생기면 미련 없이 떠났다.

차헌호는 회사가 아니라 노동자에게 인정받고 싶어 관리자가 되겠다고 생각했다. 그래야 아사히글라스에서 노동조합을 만들 때 비정규직 노동자들이 신뢰할 수 있을 터였다. 부당한 일이 벌어져도 일개 노동자인 차헌호는 해결할 수 없었다. 하루빨리 리더로 승진해서 노동자들하고 함께 노동조합을 만들 생각에 현장에서 참고 숨죽인 채 기회를 엿봤다.

—

아사히글라스는 가마 공장이었다. 수천 도에 이르는 온도로 붉은 유릿물을 만드는 '로우'라는 큰 가마를 4년마다 뜯어서 새로 지었다. 차헌호가 입사하고 얼마 뒤에도 로우를 뜯어내는 공사가 시작됐다. 차헌호는 가마 공사에 투입됐다. 머리에는 안전모를 쓰고 발목에는 각반을 찼다. 벽돌도 날랐다. 가마를 교체하는 공사를 할 때는 연장 근무를 한 번도 하지 않았다. 일주일에 5일을 정시에 출근하고 정시에 퇴근했다. 토요일과 일요일을 다 쉬니까 월급이 113만 원으로 줄었다. 집에 100만 원도 주지 못하는 형편이었다.

"코오롱 해고자 형님이 대리운전을 소개해 줬어요. 어쩔 수 없이 대리운전을 시작했어요. 대리운전 해서 최고 많이 번 게 100만 원이었어요. (한 달 동안) 미친 듯이 밤 12시, 새벽 1시까지 해서 100만 원씩 벌었어요."

아침에는 공장에 출근해서 가마 공사에 투입되고 밖에서는 대리운전을 해서 부족한 생활비를 벌었다. 처음에는 일주일 내리 대리운전을 하다가 조금 숙달된 뒤에는 목요일과 금요일, 토요일만 했다. 가마는 6개월 만에 완성됐다. 부서 업무도 정상 가동이 돼 연장 근무를 할 수 있게 됐지만, 공장에서 받는 월급만으로 생활비가 턱없이 부족했다.

"그때 잔업을 해도 월 150만 원에서 160만 원을 받으니까 대리운전으로 번 돈이 굉장히 컸어요. 그러니 당시에는 대리운전을 그만둘 수 없었죠. 어쩔 수 없이 계속했어요."

한창 자라는 두 청소년을 둔 아빠였다. 가장으로서 책임을 다하려면 대리운전은 어쩔 수 없는 선택이었다. 밤낮으로 두 가지 일을 해 부족한 생활비는 벌었지만, 몇 년 동안 과로에 시달려야 했다.

"대리운전하면서 인생을 많이 배웠어요. 술 마신 사람들을 주로 만나잖아요. 젊은 사람, 나이 든 사람, 무시하는 사람, 다양한 사람을 만났죠. 하루는 엘지 본부장이랑 노조 관계자가 사이좋게 술 마시고 같이 탄 차를 운전하기도 했어요. 삼성에 다니는 젊은 관리자가 하청 업체 사장이랑 대구 주점에서 술 먹고 놀다가 구미로 오는 길에 대리운전을 불러서 간 적도 있어요. 젊은 삼성 관리자부터 데려다주고 하청 사장 집으로 가는데, 사회가 어떻게 돌아가는지 본 것 같았어요."

대리운전은 운전대 잡는 시간보다 길에서 대기하는 시간이 더 길었다. 콜 하나를 찍어서 운전을 마치면 수수료를 떼고 6000원 정도 남았다. 한겨울에 6000원 벌려고 콜을 기다리면서 길에서 벌벌 떨었다. 더운 계절에는 땀을 뻘뻘 흘리며 밖에서 서성였다. 공장에서 받은 월급과 대리운전을 해서 번 돈을 합해도 200만 원이 채 되지 않았다. 12시간, 아니 14시간을 노동해서 번 돈이었다.

"길에서 콜이 찍히기를 기다리면서 '노동조합 만들려고 이 짓을 해야 하나' 하고 수백 번도 더 생각한 것 같아요. 그래도 결론은 노조가 중독성이 굉장히 강하다는 거였죠. 금강화섬에 있을 때 조합원들이랑 싸운 순간을 잊을 수 없어요. 싸워서 쟁취하는 성취감을 느낄 때 짜릿함, 세상을 바꿔 보겠다는 열정, 노동조합이 다른 세상을 만들 수 있다는 희망을 놓을 수가 없었어요. 내 삶도 거기서 반짝반짝 빛날 수 있다는 믿음, 이게 굉장히 중독성이 있었어요."

차헌호는 금강화섬에서 노동자들이랑 파업을 벌여 거

대한 공장을 멈춰 세운 적이 있었다. 파업이 지닌 위력은 공장이 멈추는 바로 그 순간에 드러나는 법이다. 세상에 무엇 하나 노동자의 손길을 거치지 않고 창조되는 것은 없을 테니까. 세상을 건설하는 것도, 세상을 바꾸는 것도 노동자가 하기에 달려 있다는 사실을 차헌호는 아주 오래전부터 되새겼다.

대리운전 때문에 생긴 피로는 잠깐 밟고 지나가는 징검다리였다. 차헌호는 비정규직 노동자들이랑 노동조합을 만들겠다는 목표를 잊은 적이 없었다. 나아갈 방향은 정해져 있었다. 공장에서 주간만 근무하는 동료들을 모아 족구 모임도 만들었다. 토요일 오후 3시면 함께 만나 족구를 했다. 주간 근무를 하는 상근 직원은 30명에서 40명 정도로 들쭉날쭉했고, 나머지는 대부분 3교대 근무를 했다.

—

"민동기도 주간 근무 할 때라서 족구하러 왔어요. 동기는 족구를 굉장히 잘했죠."

노동자들은 모여서 족구를 하고 삶은 돼지고기와 막걸리로 뒤풀이도 했다. 조금 친해지겠다 싶으면 그만두고 떠나는 사람이 생겼다. 차헌호가 눈여겨보다가 노조 한번 해보자고 말을 꺼내려 하면 부리나케 다른 일자리를 찾아서 떠났다. 그러면 또 얼마 뒤에 새로운 사람이 들어오고, 또 얼마 뒤에 족구 모임에 열심히 나오던 사람이 공장을 그만두고 나갔다. 몇 년 동안 족구 모임을 이어 가지만 모임을 이끄는 사람이 계속 바뀐 탓에 노조는 추진되지 못했다.

"노동조합을 만들려고 6년 동안 노력했지만, 잘 안 됐어요. 특히 비정규직한테 노동조합을 하자고 하면 동의가 안 되는 거죠. 용기를 내지 못하는 것 같았어요. 그래서 족구 모임을 만들고 야외로 놀러도 다녀 보면서 신뢰와 믿음을 쌓아 보려고 노력했지만, 친해져서 모임이 될 만하면 사람들이 그만두는 거예요. 이직률이 굉장히 높은 게 어려운 점이었어요. 누구도 쉽게 노조를 하자고 하지 않았어요. 누군가 해 주기를 바랄 뿐이죠. 누군가 노조를 만들어 주면 자신은 따라 주겠다는 정도가 보통 수준인 거예요."

그렇다고 포기할 차헌호가 아니었다. 사람들을 만나 관계 맺기를 게을리하지 않았다. 그러다 보니 회사에 품은 불만을 이야기하는 사람들이 늘어났다. 차헌호가 처음 입사할 때만 해도 상여금이 500퍼센트가 넘었다. 그러나 상여금은 최저 임금이 인상될 때마다 줄었다. 잔업을 해도 170만 원 정도밖에 받지 못했다. 해를 거듭할수록 임금은 최저 임금 수준에 맞춰졌다.

"나도 구미공단에서 20년을 일했지만, 이런 사업장은 처음 봤어요. 현장에서 일하는 노동자가 결혼하거나 부모님이 돌아가셔서 장례를 치르면 우리가 한 사람당 만 원씩 경조비를 내거든요. 그때 직원이 많을 때는 200명에서

240명이라는 말이에요. 200만 원이 넘는 경조금을 회사가 우리한테 거둬서 낸 거죠. 우리가 회사의 복지를 대신해 주고 있었어요."

회사는 경조사가 있을 때마다 노동자들 월급에서 경조금 만 원을 공제했다. 노동자들은 무슨 일인지도 모른 채 있다가 나중에야 월급에서 일괄해서 공제된 사실을 알게 됐다. 불만이 커지자 회사는 그제야 노동자들에게 동의 서명을 받기 시작했다. 그러면서도 정작 회사는 사원 경조사에 아주 적은 돈을 냈다.

회사가 해야 할 복지를 노동자들이 대신하고 있다는 말은 작업 현장에도 적용됐다. 작업복에는 늘 땀이 차 있고 안전 장갑은 넉넉히 지급되지 않았다. 한 조가 일요일에 쉬면 나머지 두 조가 12시간 맞교대 근무를 해서 공장은 1년 365일 쉬지 않고 돌아갔다. 노동자들은 하루를 온전히 쉴 수 없었다. 명절이나 여름휴가 때도 공장 굴뚝에는 연기가 멈추지 않았다. 그러다 보니 연차도 마음대로 쓸 수 없어 늘 눈치를 봐야 했다.

사람들이 현장에서 느끼는 불만이 푸념에 그치지 않도록 차헌호는 문제를 하나하나 기록하기 시작했다. 당장 노조를 만들지 못해도 불만을 듣고 적고 모았다. 사람들 이야기 속에 현장을 바꿀 답이 있기 때문이었다. 그래야 현장에서 느끼는 불만을 개선하려면 노조가 필요하다는 목소리가 힘을 얻을 수 있다는 생각도 했다.

경조금 만 원

회사는 200명 사원들의 경조사가 있을 때마다 1인당 만 원을 월급에서 공제한다. 처음에는 개인의 동의를 구하지도 않았다. 사람들의 불만이 높아지자 동의한다는 서명을 받았다. 이것은 차후에 문제를 방지하기 위한 서명이다.

얼굴은 모르지만 경조사가 있는데 만 원 내기를 거부하는 것은 인간적으로 하지 못할 일이다. 회사는 이런 우리의 마음을 이용했다. 회사가 사원들의 경조사를 살피는 것은 당연히 해야 할 복지다. 만 원을 급여에서 공제하는 것은 회사가 해야 할 복지를 우리에게 떠넘긴 것이다. 만약 이런 방식에 우리가 동의하더라도 경조금 전달은 회사가 아니라 작업자 대표가 해야 한다. 마치 회사가 지급하는 것처럼 사무실에서 경조금을 전달하는 것은 심각한 문제다. 노동조합이 없으면 이런 기막히는 일도 막지 못하는 것이다.

노동조합이 생기면 하청 업체가 날아간다고 한다. 하청 업체는 노동조합도 적용받지 못한다고 한다. 과연 그럴까. 이런 말은 누구에게 좋은 얘기인가. 이런 말은 결국 노동조합을 하지 말라는 얘기다. 회사가 온갖 말로 노동조합을 반대한다. 회사는 지금 이대로 유지되기를 바라기 때문이다.

노동조합은 열악한 노동 조건에서 일하며 최저 임금을 받는 우리에게 절실히 필요하다. 우리가 단결해서 노동조합을 만들면 저들의 이윤은 줄어든다. 회사는 우리에게 임금과 복지 비용으로 이윤을 빼앗길까 봐 두려워한다. 저들은 우리가 상상하는 것 이상으로 노동조합을 두려워한다. 이것을 알면 회사는 별로 어려운 상대가 아니다. 노동조합을 가슴에 품고 자신감을 가지자.

— 2015년 노조 설립을 위해 차헌호가 현장 노동자들에게 보낸 문자 메시지

은밀하고 수상하게, "노동조합 할래?"

"형님, 노조 만들자고 먼저 이야기해 주셔서 고맙습니다."

"권고사직을 하라고 했을 때 이미 회사가 본격적으로 입장을 드러낸 거죠. 저는 더 적극적으로 노조를 만들기 위해서 움직일 수밖에 없었어요. 나중에 노동부에서 압수 수색한 자료를 보면 회사는 이미 3월 25일 자로 〈차헌호 동향 파악〉이라는 아사히글라스 문서를 냈어요. 제가 노조를 시도하고 있다는 걸 포착하고 동향을 파악한 뒤 문서까지 나온 걸 보면 회사는 생각보다 훨씬 더 준비하고 움직인 게 아닌가 싶어요."

차헌호가 일하던 콜드 공정 상근직 16명이 권고사직을 통보받기 한 달 전쯤인 2015년 3월 어느 날이었다. 퇴근한 차헌호는 약속 장소로 가고 있었다. 공장 1층 생산 라인에서 3교대 근무를 하는 우원기(가명)를 만나기로 한 식당에 들어서다가 우연히 지티에스 과장을 마주쳤다. 과장은 퉁명스럽게 물었다.

"무슨 일로 왔어?"

"우리도 식사하러 왔습니다."

두 사람은 대수롭지 않게 인사하고 식당으로 들어갔다. 단순히 밥만 먹는 자리는 아니었다. 차헌호는 노동조합을 만들려고 노동자들을 접촉하고 있었고, 우원기에게도 노조를 해 보자고 운을 띄웠다. 노조에 관심이 있는 우원기는 차헌호에게 다른 부서에 속한 심정구(가명)도 평소 노조에 관심이 많다는 정보를 주면서 만나 보라고 추천했다. 밥을 먹으면서 노조 만들 궁리를 했고, 다음에 만날 날을 기약한 뒤 헤어졌다. 며칠 뒤 차헌호는 다른 식당에서 심정구를 만났다.

"형님, 노조 만들자고 먼저 이야기해 주셔서 고맙습니다."

심정구가 차헌호에게 말했다. 처음 만난 날은 2015년 3월 3일이었다. 노조 이야기를 들은 심정구는 들떠서 노조를 추진하는 데 적극 동참하겠다는 의사를 밝혔다. 모임을 만들어 보자고 약속하고 헤어졌다. 다음 날 우원기가 차헌호에게 전화를 걸었다.

"과장이 저를 보는 눈빛이 달라졌어요. 우리 공정 리더가 '차헌호는 예전에 노조 하던 위험한 인물이니까 만나지 말라'고 하더라고요."

전화를 끊은 우원기는 차헌호를 피했고, 심정구도 마음이 바뀐 듯 차헌호를 더는 만나려 들지 않았다. 한 달 뒤인 4월, 차헌호를 비롯한 콜드 공정 상근직 16명에게 갑작스럽게 권고사직 처분이 내려졌다. 이쯤 되면 차헌호가 노조할 만한 사람들을 만나러 다닐 때 식당 앞에서 지티에스 과장을 만난 일은 우연이 아닐지도 몰랐다.

그때만이 아니었다. 2015년 3월 어느 날, 아침 일찍 현장 관리자들이 모여 회의하고 있었다. 그 자리에서 지티에스 이사가 현장 리더 차헌호에게 질문을 던졌다.

"차헌호가 스타케미칼 굴뚝 농성* 하는 곳에 간다는 얘기가 있던데, 간 적이 있나?"

"네. 광호 형님이라고 아는 분이 있어서 갔습니다."

차헌호는 피하지 않고 대답했다. 그러자 이사는 그 대답을 기다린 듯 질문을 퍼붓기 시작했다. 차헌호는 처음 대답하고 다르게 모르겠다고만 했다. 그날부터 이사는 면담을 핑계 삼아 일하고 있는 차헌호를 사무실로 불렀다. 그러면서 은근슬쩍 떠보기 시작했다.

"우리 지티에스에 노동조합을 하던 사람이 있다고 하는데……."

차헌호는 찻잔만 바라볼 뿐 반응하지 않았다. 이사는 머쓱해서 뒤이을 말을 찾지 못한 채 혼자서 실컷 떠들다가 '차헌호, 열심히 해' 하면서 일터로 돌려보냈다. 4월에 권고사직 카드를 꺼낼 때까지 차헌호는 이사를 만나 시시콜콜한 개인 면담을 여러 번 했고, 귀찮은 일에 시달렸고, 결국 권고사직 카드를 꺼내든 지티에스에 맞서 정면 승부를 할 수밖에 없었다.

"차헌호, 노조 결성을 막으려고 하면 부당 노동 행위인 거 잘 알잖아? 민주노총 구미지부하고 액션을 취하기로 결정했나?"

---

* 구미공단에 자리한 화학 섬유 회사 한국합섬이 파산 위기에 몰리자 노조는 2006년부터 싸워 2010년 회사를 인수한 스타케미칼을 상대로 고용 승계 등에 합의했다. 그러나 다시 일한 지 1년 8개월 만인 2013년 공장이 문을 닫았다. 해고된 차광호 등 11명은 해고자 복직투쟁위원회를 꾸려 싸움을 시작했다. 2014년 5월 27일 새벽에 스타케미칼 공장 45미터 높이 굴뚝에 올라간 차광호는 408일 동안 고공 농성을 했다.

지티에스 이사가 차헌호에게 불쑥 던진 말이었다. 이사는 차헌호가 노조를 만들려는 움직임을 마치 다 알고 있다는 듯 노골적이었고, 이른 시일 안에 한판 승부를 겨룰 양 말했다. 그러고는 얼마 뒤 먼저 권고사직 처분을 내렸다. 권고사직을 받은 날부터 해고되기까지 한 달 정도밖에 걸리지 않았다.

차헌호는 글을 쓰기 시작했다. 짧고 강한 메시지를 써서 노동자들에게 퍼 날랐다. 알고 지내는 교대 근무자들에게 부탁해서 메시지를 소셜 네트워크 서비스(SNS)에 퍼트렸다. 얼마 지나지 않아 차헌호가 노조를 결성한다는 소문이 돌기 시작했다. 차헌호는 에스엔에스에 아예 5월 29일에 노조를 설립하겠다고 못 박았다.

―

차헌호와 백은호는 납땜 공장 발령을 거부해서 해고되기 직전이었고, 공장 출입도 통제됐다. 공장 안에는 콜드 공정에서 굿 공정 3교대 근무로 옮겨 간 김정태가 있었다.

"헌호 형이랑 은호 형, 둘은 공장 밖에 있었고, 저랑 승환이는 굿 공정 절단 (공정)에서 일하고 있었어요. 그리고 하병국(가명)이라고 나중에 (노조 초기) 조직부장을 하던 분이 조직을 많이 했어요. 발이 넓어 아는 사람이 많았고, 카톡으로 내용을 전달해 주면 여기저기 퍼 날라 줬죠. 진석이 형도 하병국 형님 덕분에 노조에 들어왔거든요. 그리고 우성경(가명)이라고 있었어요. 지금은 나가 버렸지만, 당시 노조를 만들 때는 사람을 모았죠. 저는 별로 움직이지 않은 것 같아요. 저는 다른 일이 바빠서, 현장을 조직하는 건 하병국한테 무보까 식당에 모아 달라고 부탁해서 사람들이 왔었어요."

차헌호하고 함께 콜드 공정에서 권고사직을 거부하고 단체 행동을 하던 김정태는 노조를 추진하면서 사무국장을 맡았다. 노조에 뜻이 있는 사람들이 하나둘 모이기 시작했다. 차헌호는 공장에 들어갈 수 없는 처지이지만 노동자들이 평소에 털어놓은 불만과 노조가 필요한 이유에 관한 짧은 메시지를 작성해서 현장에 전했다. 노동자들은 근무를 마치면 삼삼오오 가까운 식당에서 모임을 조직하기 시작했다. 밤 11시에 일을 마치고 10명에서 15명씩 식당에 모였다. 같이 밥 먹고 술 마시면서 노조 이야기를 나눴다.

"남들은 마치 내가 해고당하니까 노동조합을 하자는 것처럼 보일 수도 있었겠죠. 그런데도 사람들이 열댓 명씩 식당에 모여서 진지하게 이야기를 나눴어요. 노동조합은 5월 29일에 띄우겠다고 정했고요. 구호를 외치고 노래도 부르고, 서로 동지라고 불러야 한다고 해서 나이 어린 친구가 형님들 이름을 부르면서 '종십 동지' 막 이렇게 장난을 치고 했어요."

차헌호는 모임에 노무사도 초대했다. 차헌호가 사람들

에게 비정규직도 노동조합을 할 수 있다고 한 말을 와이셔츠 입고 넥타이 맨 단정하고 말끔한 모습으로 나타난 노무사가 똑같이 하자 노동자들은 훨씬 더 신뢰 가득한 눈빛으로 경청하는 듯했다.

"하병국, 우성경, 두 형님이 평소에 당구 치고 술 마시고 사람들이랑 잘 어울려 놀면서 많이 알고 지냈어요. 그래서 사람들 모으는 데 굉장히 큰일을 했어요."

박세정은 한국합섬에서 정규직 노동자로 일하다가 회사가 폐업하는 바람에 꽤 오랫동안 공장 폐업 투쟁을 한 경험이 있었다. 그 뒤 낚시터 사업을 하지만 생각만큼 잘되지 않았다. 결국 돌고 돌아 아사히글라스 비정규직 노동자가 됐다. 처음에 비정규직 노동자가 노조를 만든다는 말을 듣고는 반신반의했다. 그렇지만 박세정은 한국합섬에서 노조 덕분에 현장이 바뀌는 모습을 누구보다 똑똑히 지켜본 이였고, 그래서 사람들이 옥계동 국밥집에 모이자고 할 때 흔쾌히 참석했다. 간담회에 참석한 사람들은 진지했다. 노조를 만들려는 의지가 엿보였다. 간담회에 참여하고 돌아온 박세정은 옆에서 일하는 동료 조남달에게 말을 꺼냈다.

"형님, 노동조합 할랍니까?"

"야, 임마! 비정규직이 노동조합 만들면 잘리는 거 아니가?"

조남달은 현실적인 문제를 이야기하며 반박하지만 얼마 뒤 박세정하고 함께 노조에 가입했다.

오수일은 중국집에서 차헌호를 처음 만났다. 그곳에서 금속노조 케이이씨^KEC 지회 지회장 김성훈도 처음 만났다. 같은 부서 서브 리더 우성경이 열심히 사람들을 모으던 때로, 오수일의 사수인 허상원이 부서 사람들에게 노조를 하면 어떻겠느냐고 묻고 다녔다. 오수일은 노조를 만드는 방법은 몰라도 회사가 노조를 싫어한다는 사실은 잘 알고 있었다. 사업하는 외삼촌이 노조라고 하면 치를 떠는 모습을 어릴 적부터 본 때문이었다. 간담회에서 오수일이 물었다.

"노동조합을 만들면 회사에 맞설 대응책이 있나요?"

오수일은 노조를 만들겠다고 모인 생면부지 두 사람을 믿어야 할지 말아야 할지 고민했지만, 마음 깊은 곳에는 늘 노조를 하자는 생각이 자리 잡고 있었다.

"노동조합의 필요성을 많이 느끼고 있었어요. 만약에 한다면 같이하겠다고 생각했죠. 어떻게 하는지 몰라도 따라갈 수는 있을 거라고 여겼어요."

노조를 하자는 결심을 굳히자 오수일은 사람들을 노조에 끌어들일 방법에 집중했다. 아사히글라스 공장에서는 노조가 사람들 사이 최대 관심사이자 화젯거리였다.

"쟤는 혹시 이야기하면 되겠나?"

"가능성 있겠나?"

"저 정도는 할 것 같은데."

"그럼 언제 한번 같이 상담하러 가자고 해 보자."

"같이 데리고 갈까?"

노조를 추진하던 노동자들은 현장에서 함께 일하는 동료들에게 관심을 쏟기 시작했다. 다가가려고 말을 걸었다. 은밀하게 노조 이야기를 꺼내려면 공장 안은 적합하지 않았다. 따로 약속을 잡아 식당이나 편의점에서 만났다. 커피를 한잔하며 이야기를 시작했다. 나누는 말소리는 작고 은밀해도 확신에 차 있었다.

"노동조합 한번 할래?"

노조를 추진하면서 공장 안에서 사람들 움직임이 달라지는 모습을 오수일도 느꼈다. 예전에는 말 한 번 나눈 적 없는 이가 인사를 하고 알은척했다.

"우리는 교대 근무이고 민동기는 주간만 근무해요. 품질 검사 쪽이어서 우리가 작업한 게 제대로 안 되면 서브리더한테 이야기하러 오니까 존재는 알고 있었죠. 친한 사이는 아닌데, 동기가 조직을 한다는 게 느껴지더라고요. 나도 노조를 하겠다고 마음을 정하고 나자 담배를 피우러 나가면 한 번씩 아는 척하고 친근하게 대하더라고요. 그렇게 되는 거죠. 희한하게 그래 되더라고요. 왠지 동질감 같은 게 생기더라고요."

오수일은 자기 말고도 노조를 하려는 사람들이 있다는 데 안도했다. 어떤 사람이 일상적으로 움직이는지도 보였다. 그래서 노조 할 사람으로 보이면 알은척하게 됐다.

노조를 추진하는 사람들은 관리자가 눈치채지 못하게 비밀스럽게 말하고 조심스럽게 행동했다. 차헌호 '지회장',

우성경 '수석부지회장', 김정태 '사무국장'은 공장 안에서 공공연한 비밀이었다. 오수일은 앞장서는 사람들 옆에서 맞장구치는 일부터 시작했다.

"저는 우 수석을 따라다녔어요. 회사 눈을 피해 사람들을 만나고, 노조 얘기를 하면서 뭔가 스릴도 느끼고, 재미있었어요. 마치 영화를 찍는 기분이었다고 할까요?"

> **단결된 힘을 보여 주자.**
>
> 당당히 노동조합에 가입하자. 노동조합 가입은 회사와 무관하게 개인의 자유이고 권리이다. 노동조합에 가입하는 동시에 우리는 하나가 된다. 우리의 요구를 내거는 투쟁이 시작된다. 회사는 단결된 우리를 두려워한다. 회사는 가입을 막거나 탈퇴를 종용할 것이고, 온갖 방법을 동원해서 노동조합을 막을 것이다. 회사의 회유와 설득에 흔들리지 않으면 된다. 뻔한 얘기에 흔들리지 말고 노동조합을 굳건히 세우자.
>
> 노동조합은 합법적인 단체이다. 회사가 노동조합에 가입하는 것을 막을 수 없다. 가입을 막는 행위는 불법이다. 부당노동행위로 처벌받는다. 우리는 당당히 노동조합에 가입하면 된다. 지금껏 흩어져서 개별적으로 당해 왔다. 흩어져 있는 우리의 힘을 모으면 엄청난 힘이 발휘된다. 노동조합의 힘은 단결에 있다. 노동조합으로 단결해서 우리의 권리를 찾자.
>
> 자! 이제 단결된 힘을 보여 주자.

— 2015년 노조 설립을 위해 차헌호가 현장 노동자들에게 보낸 문자 메시지

회사가 강요하는 질서

"한 명을 만들면 그 한 명이 또 한 명을 만들고,
다시 또 한 명을 만들 거라고요."

"여러분 앞에는 지금 일생일대 한 번 올까 말까 한 기회가 있습니다. 이 기회를 잡으면 신세계가 보일 겁니다."

노조 추진 간담회에 참석한 안진석에게 이 말은 치명적이었다. 일생에 한 번 올까 말까 한 기회라니, 어찌 매혹적이지 않을 수 있을까. 그때만 해도 안진석은 옷을 갈아입듯이, 계절이 바뀌면 나뭇잎 색깔이 바뀌듯이 언제나 회사를 자유롭게 떠날 생각을 했다.

"나한테 기회가 왔대요. 다음 옷을 갈아입을 때까지 괜찮겠는데 한번 해 볼까 싶어서 복권을 긁는 심정으로 노조 가입서를 썼어요."

안진석에게 생긴 욕심이 무엇인지는 정확히 알 수 없지만, 노조는 운명처럼 다가왔다. 처음에는 같은 부서에서 일하는 하병국이 노조를 하자고 제안해서 따라나섰다. 일하면서 말 한마디 나눈 적이 없었는데, 어느 날 하병국이 말을 걸었다.

"핀테크라고 아나?"

"들어 봤죠."

"핀테크라는 단어를 들어 본 적이 있나?"

"인터넷하고 금융하고 합친 건데, 요즘 뜨는 거예요."

안진석은 하병국이 이해할 수 있게 핀테크를 장황하게 설명하기 시작했다.

"형님이 저한테 이야기를 더 해 달라고 하더라고요. 밖에서 만나 커피 한잔 마시자고 했어요. 그래서 밖에서 만났죠. 이런저런 이야기를 나누면서 생판 모르는 관계에서 벗어난 거예요. 얼마 뒤에 형님이 같이 저녁 먹자고 불렀어요."

공장은 일감이 있다 없다 하는 상황이었고, 사람들 사이에는 생산 부서 하나가 없어진다는 소문이 돌았다. 회사가 일부러 물량을 조절하고 있다는 의심도 나왔다. 그럴 만도 한 것이 안진석이 입사할 때 지게차를 운전하던 사람이 석 달 만에 회사를 그만둔 일이 있었다. 평소 지게차 운전을 배우고 싶던 안진석은 내심 지게차 운전기사 보직을 부러워하고 있었다. 그래서 그만둔다고 하자 그 이유가 궁금해졌다.

"얘기 못 들었어요? 위에 세정 라인이 없어진다고 하더라고요."

안진석은 아사히글라스에서 일하는 5년 동안 매년 생산 라인이 없어진다는 말을 들었다. 그럴 때마다 옷을 갈아입듯이 자기 부서가 사라지면 떠나겠다고 마음을 먹었지만, 막상 때 이른 소문이 돌자 자기가 일하는 절단 라인이 사라질 수도 있다는 분위기에 적잖이 당황했다. 때마침 하병국이 안진석을 밖으로 불러냈다. 사람들이 많이 모여 있는 식당에 들어서자 심각한 분위기가 감지됐다. 귀를 쫑긋 세우고 사람들이 하는 이야기에 집중했다.

하병국이 곧바로 노조를 만들자는 말을 꺼냈다. 안진석은 발끈했다.

"형님 노조 만드는 게 가게를 개업하는 거라면 어떻게든 가게는 차릴 수 있지만, 장사가 잘돼서 잘 먹고 잘사는 것은 별개의 문제입니다."

안진석이 정색했다. 노조를 만들 수는 있어도 노조를 만든다고 해서 잘된다고 장담할 수 없다는 뜻이었다. 맞는 말이기도 했다. 그렇지만 지금 노조를 만들어 보겠다고 열심히 발로 뛰며 사람을 만나는 하병국에게는 찬물을 끼얹는 형국이었다. 당황한 하병국은 주눅 든 목소리로 안진석을 달랬다.

"노조에 가입만 해 주면 좋겠다."

하병국은 안진석에게 차분하게 노조 이야기를 한번 들어 보라고 권했다. 권유는 끈질겼다.

"나는 이거(노조) 너무 하고 싶다. 내가 갖췄으면 하는 능력을 네가 갖고 있어. 그래서 되게 부러워. 네가 내 옆에서 나를 보좌해 주면 좋겠어."

안진석은 하병국이 하는 말을 잠자코 듣고만 있었다. 누구한테 아쉬운 소리를 해 본 적 있는 사람이라면 그렇게 듣고만 있는 심정을 이해할 수 있겠다. 하병국은 평소에 아주 사교적인 편이었고, 성격도 시원하고 화끈했다. 누군가에게 사정하고 권유하는 사람이 아닌데, 노조에 냉랭한 안진석 앞에서 풀이 죽어 있었다.

사람들에게 노조 추진 간담회에 와 달라고 부탁하는 하병국을 볼 때마다 안진석은 마음이 짠했다.

"그래서 가자고 맞장구를 쳤어요. 그렇게 간 곳이 케이이씨 공장 밖에 있던 신사무실(케이이씨 신사)이예요. 그곳에 민주노총 배태선 국장님이 있었어요. 그때만 해도 누가 누군지 모를 때였으니까요. 어떤 이야기를 하는지 한번 들어나 볼 심산이었는데, 내가 생각하던 거랑 이야기 전개가 달랐어요. 약간 혹하는 마음이 생겼죠. 그리고 며칠 뒤에 차헌호 지회장이 트렁크에 숨어서 들어왔어요."

―

 노동조합을 만들기 위해 여기저기서 일어나는 조용한 움직임을 송동주도 느꼈다. 사람들은 쉬는 시간이면 자연스레 휴게실에 모여 삼삼오오 노동조합 이야기를 주고받았다. 케이이씨 신사에서는 조별로 교육을 하기도 했다.

 "주변에서 하도 이야기를 많이 꺼내고, 부서 사람들이 노조에 가입을 많이 한다고 하니까 일단 이야기를 한번 들어 보자 싶어서 찾아갔어요. 배태선 국장님을 만나서 이야기를 듣다 보니 우리의 권리가 무엇인지 알게 됐어요."

 송동주가 볼 때 지티에스는 아사히글라스에 연관된 아웃소싱 업체이기도 했다. 송동주는 정규직 일자리를 찾다가 마땅한 곳이 없어서 잠시 아사히글라스에 들어온 상황이었는데, 아웃소싱 업체는 어느 때 문을 닫을지 알 수 없었다. 그래서 언제든 정규직 일자리를 찾아 떠날 생각만 했다. 그렇지만 구미공단에는 정규직 일자리가 사라진 지 오래됐고, 언제까지 여기저기 옮겨 다니며 살 수도 없는 노릇이었다. 또한 경제적으로 안정을 찾기도 어려웠다. 노조를 만들어 현장을 바꿀 수만 있다면 떠돌이로 살지 않아도 되겠다는 생각이 들었다.

가장 큰 불만은 낮은 임금이었다. 노조가 생기면 그런 문제를 개선할 수 있다는 말이 송동주에게는 희망의 노래처럼 들렸다. 결국 노조에 가입해야겠다고 마음을 먹었다.

차헌호는 납땜 공장에 출근하지 않는 대신 노조를 만들려 전력투구했고, 아사히글라스는 차헌호가 공장에 출입하지 못하게 철저히 막았다. 그러나 차헌호가 공장에 들어가지 못해도 이미 공장 안에는 노조를 만들 사람들이 생긴 상황이었다. 차헌호는 회사가 자기 움직임을 눈치채지 못하게 비밀리에 노조를 추진하고 있었다. 현장에 있는 노동자들은 노조에 가입할 사람을 모으는 데 힘을 쏟았다.

"노동조합을 선포하기 전에 핵심 인원 몇 명만 노조에 가입했어요. 그리고 교육을 많이 받았어요. 끊임없이 조직해야 한다고, 한 번으로는 안 된다고요. 한 명을 만들면 그 한 명이 또 한 명을 만들고, 다시 또 한 명을 만들 거라고요. 우리는 목표가 분명했어요. 노동조합이 아니면 안 된다고 생각하고 움직였기 때문에 사람들도 적극적으로 움직였던 것 같아요."

차헌호가 말했다. 비밀리에 움직여서는 최대한 많은 사

람들을 노조에 가입시킬 수 없다고 판단한 차헌호는 현장에 들어가 노조 가입서를 받겠다고 사람들 입과 입을 거쳐 공개적으로 알렸다. 송동주는 해고자가 어떻게 현장에 들어갈 수 있을지 궁금했다.

"헌호 형이 김정태랑 가입서 들고 현장에 들어가서 돌릴 건데 옆에서 같이 돌릴 사람이 필요하다고 하더라고요. 경비가 들어오면 빨리 뿌리고 수거해야 한다고 이야기한 것 같아요."

송동주는 노조 설립일 하루 전날 차헌호하고 함께 공장에 들어가서 노조 가입서를 받기로 했다. 상근직인 민동기도 함께 가기로 했다. 잔업을 마친 저녁 8시 30분에 퇴근해서 공장을 나온 뒤 야간반이 출근하는 밤 11시 전에 다시 들어가기로 했다. 송동주는 퇴근한 사람이 다시 출근하는 것을 경비가 이상하게 여길까 봐 가슴이 조마조마했다.

"저는 헌호 형한테 무슨 트렁크에 타느냐고 했어요. 뒷자리에 앉아도 창문을 다 안 내리면 괜찮을 거라고 생각했죠. 그런데 공장 정문을 통과할 때 경비가 차를 세워서 뒷자리도 샅샅이 다 보더라고요. 큰일 날 뻔했죠. 다행히 트렁크는 열어 보지 않았어요."

노조 설립일 하루 전날인 5월 28일 밤, 차헌호는 김정태가 운전하는 차 트렁크에 몸을 숨겼다. 야간조 교대 시간에 맞춰 밤 10시 45분 정도에 현장으로 들어가야 했다. 공장 정문에서 김정태의 차가 멈췄다. 경비는 차 문을 다 내리게 하더니 뒷좌석까지 플래시를 비췄다. 김정태는 따가운 눈길을 피해 꼿꼿하게 앞만 쳐다봤다. 다행히 무사히 통과했다. 송동주와 민동기도 각자 차를 타고 김정태 차 뒤에서 차례를 기다렸다. 경비는 다시 공장으로 들어가는 두 사람을 알아보지 못했다. 차량 세 대는 무사히 공장 안 주차장에 도착했다. 차헌호가 트렁크에서 나오자마자 네 사람은 현장으로 후다닥 급하게 뛰어 올라갔다. 현장 휴게실에 모인 노동자 50여 명은 차헌호가 나타나자 모두 깜짝 놀랐다.

"노동조합을 설립합니다."

차헌호가 사람들 앞에서 선포했다.

"헌호 형이 짧고 굵고 간단명료하게 막 이야기하자 사람들이 많이 놀란 표정이었어요. 헌호 형이 분명 노동조합 이야기를 하러 들어갈 거니 기다리라고 했지만, 누가 그걸 믿겠어요. 잘린 사람이, 저기 납땜 공장으로 전출된 사람이 어떻게 여기를 들어오겠나 싶었는데, 막 나타나니까 사람들이 다 놀란 거죠."

차헌호가 연설하는 동안 송동주와 민동기는 노조 가입서를 돌렸다. 사람들은 노조 가입서를 받아 작성했다. 그때 바깥에서 오토바이가 부리나케 달려오는 소리가 들렸다. 그러더니 공장 정문을 지키던 경비가 금세 달려왔다.

"노조 결성을 하루 앞둔 날, 공장에 들어가서 보여 준 거죠. 분위기를 제압하는 게 가장 중요하니까요. 그때 휴게실에 한 50명 정도 있었는데, 그중 10명 정도는 미리 가입을 한 상태였어요. 주간 상근직이던 동주와 동기도 공장에서 퇴근했다가 같이 들어가서 구호 외치고 분위기를 띄웠죠. 첫 시작이고 처음 노조를 공개하는 자리니까 다 같이 들어가자고 했던 거예요. 진짜 다들 가슴이 두근두근했을 것 같아요."

다음 날부터 공장 휴게실에서는 노조 가입서가 나돌기 시작했다. 이영민은 일을 마친 뒤 탈의실에서 옷을 갈아입고 나오는 길에 선반 위에 놓인 노조 가입서를 봤다. 귓가에서 속삭이는 말이 들렸다.

"노조 하면 들려 나갈 낀데."

이영민은 이미 볼펜을 쥔 채 노조 가입서를 작성하고 있었다. 조합원은 순식간에 늘어났다. 차헌호는 사람들에게 노조 결성을 공개적으로 선포했지만, 금속노조가 가입을 받아주지 않는 바람에 노조 설립 신고를 독자적으로 진행해야 했다.

—

"금속노조냐 아니냐가 중요한 게 아니었어요. 당장 우리가 노조를 할 수 있느냐 없느냐가 훨씬 더 큰 문제였죠. 비정규직도 노동조합을 할 수 있다는 공인된 증명서가 필요했어요. 왜냐하면 사람들은 불안했고, 대다수가 하는 질문이 '비정규직이 무슨 노조냐? 노조 할 수 있냐?'였으니 하루 사이에 조직이 깨질 수도 있고, 살아날 수도 있는 상황이었던 거죠. 타이밍이 굉장히 중요했으니까요."

금속노조가 승인할 때까지 기다릴 시간이 없었다. 차헌호와 백은호, 김승환은 당장 구미시청으로 향했다. '아사히사내하청노동조합' 설립을 신고해야 하기 때문이었다. 구미시청 담당 공무원은 노동조합 설립신고증을 발부하는 데 이틀 정도 걸린다며 미적거렸다. 차헌호는 한시가 급했다. 케이이씨지회 김성훈에게 연락하니 급하게 달려왔다. 노조에는 생사가 걸린 문제라는 사실을 아는 김성훈은 담당 공무원을 재촉했다. 신고증을 내주지 않으면 나가지 않겠다고 버텼다.

"결국 하루 만에 노조 설립신고증을 받았더라고요. 은호 형하고 승환이하고 둘이 설립신고증을 가슴에 품고 찍은 사진을 올렸어요."

김정태는 노동조합 설립신고증을 가슴에 품은 두 사람이 해맑게 웃는 모습을 지금도 잊을 수 없다. 사무국장 김정태는 교대 근무를 하면서 노조 가입서와 조합비 등을 처리하는 행정 업무까지 처리하느라 외출할 시간조차 부족했다. 구미시청에 못 간 대신에 핸드폰으로 날아온 사진을 보니 뿌듯했다.

노조가 만들어지는 과정을 먼발치에서 지켜보고 있던 오수일은 차헌호가 트렁크에 실려 현장으로 들어오던 날 휴게소에서 차헌호를 본 기억을 먼 훗날 회상했다.

"차헌호가 들어온다는 말은 있었지만, '안 걸리려나? 어떻게 들어오지?' 생각했어요. 진짜 차 트렁크에 실려서 올 줄은 생각도 못 했죠. 트렁크에 숨어서 들어왔다는 점이 너무 강렬해서 그날 다른 건 하나도 기억이 안 나요."

그날 밤, 안진석도 그 자리에 있었다. 차헌호가 외친 구호가 공장에 쩌렁쩌렁 울려 퍼지는 장면만큼은 생생히 기억한다.

"지회장이 현장에 딱 들어왔잖아요. 다른 두 분하고 세 명이 동그랗게 서서 구호를 외치더라고요. '노동조합 만들어서 인간답게 살아보자'라고 했던 것 같아요. 저는 먼저 노조에 가입했잖아요. 그동안 말을 안 하고 있었거든요. 이제 노조한다는 게 세상에 알려졌으니 속이 시원하겠구나 하는 생각밖에 없었어요. 그게 제일 기억에 남아요."

노조 설립을 선포하고 노조 가입서를 돌린 지 2주 만에 지티에스 직원 178명 중에 138명이 노조에 가입했다. 절대 다수가 노조에 가입한 덕에 순조롭게 1차 관문을 통과했다. 노조 가입서를 작성하지 않은 사람들은 대부분 입사한 지 얼마 안 된 수습사원이었다. 시간이 지나면 자연스럽게 유입될 인원이어서 전원 가입은 아니어도 노조가 우위를 차지한 상황이었다. 차헌호가 권고사직 거부에서 시작해 납땜 공장 발령을 뒤엎고 노조 결성 투쟁을 벌이면서 얻은 결실이었다.

"뭔가 하자고 하면, 사람들이 따라올 거라는 확신이 있었어요. 지금까지 불합리한 일들을 이렇게 해서라도 바꿔 보고 싶고, 언제까지 그냥 이렇게만 다닐 수도 없다는 마음이 복합적으로 비정규직들에게 다 있었을 거라고 생각해요. 그렇게 노조를 해 주면 좋겠다는 마음이 가장 컸을 테고요. 누구라도 대신 와서 회사하고 싸워 주면 뒤에서 진짜 밀어주고 싶다는 마음이 백 프로 다 있었어요. 그런데 지금까지는 그런 게 없었던 거죠. 그런데 이제 누군가 한다고 나섰고, 그 뒤에 같이하는 사람들이 그룹을 형성해 있었던 거죠. 그러니 사람들이 이제 한번 믿어 보자. 회사와 노조 사이에서 노조가 질 것 같으면 멀리 거리를 두고 지켜보다가도 누군가 과감히 추진하는 걸 보면 또 저런 사람도 있구나 하고 생각할 거잖아요. 저는 이런 모습을 보여 주는 게 중요하다고 여겼어요. 자신감을 보여 주는 투쟁을 우리가 한 거예요. 오로지 노조를 만들기 위해서 했던 투쟁 같아요. 이게 별거 아닌 것 같지만, 어쨌든 회사의 질서를 깨고 뚫고 나오는 모습이었으니까요. 지금도 책임지고 하는 지도부에 대한 신뢰가 있으면 노동자들은 따라갈 거라고 생각해요."

설립신고증이 나온 다음 날부터 비정규직 노동자들은 아사히글라스 공장에서 본격적인 단체 행동을 시작했다.

뭉쳐야 산다.

임금이 높고, 고용이 안정되고, 근로 조건이 좋다면 노동조합은 없어도 된다. 6~7년을 다녀도 최저 임금에 고용은 불안하고 근로 조건은 최악이다. 전혀 달라질 기미가 없다. 신입 사원이 들어오면 며칠 만에 그만두는 경우가 대부분이다. 이직률이 높은 만큼 문제가 많은 것이다. 이놈의 회사는 알아서 임금을 올려 줄 일도 없고, 고용을 보장해 줄 일도 없다. 노동조합을 통하지 않고는 희망이 없다. 더 좋은 일자리를 찾아 떠돌지 말고 더 좋은 일자리를 만들면 된다.

노동조합은 임금을 올리고 근로 조건을 개선한다. 그러나 소수가 참여하는 노동조합과 다수가 참여하는 노동조합은 할 수 있는 일이 다르다. 다수가 참여해야 노동조합은 힘이 있다. 힘이 있는 만큼 요구는 관철된다. 회사는 다수가 참여하는 노동조합을 두려워한다. 임금과 근로 조건의 문제다. 누가 대신해 줄 것이라 생각하면 아무것도 달라지지 않는다. 눈치 볼 것도 없고, 걱정할 것도 없다. 노동조합 활동은 우리의 권리이고 자유다. 우리의 권리를 위해서 당당히 나서자.

— 2015년 노조 설립을 위해 차헌호가 현장 노동자들에게 보낸 문자 메시지

노조를 하는 이유

"정말 시간 안에 나올 수 있을까?"

"사람들이 생각보다 노동조합에 가입을 많이 했어요. 그전부터 회사에 불만이 많다는 건 알고 있었지만, 정말 그랬구나 싶었죠. 관리자들도 되게 못되게 굴고 일도 힘들잖아요. 복지라는 것도 하나도 없었거든요. 그런데 노조를 만들고 나서 분위기가 확 바뀌었어요. 내가 여기서 2년을 근무했는데, 노조에 가입하기 전에는 사실 생산 라인 근처에서 일하면서도 같이 일하는 사람들 얼굴이나 이름을 제대로 외운 적이 없어요. 그냥 내가 상대하는 사람들만 보고 이름만 알고 있었죠. 그 외에 상대 안 하는 사람들은 거의 몰랐죠. 알 필요가 없었던 거예요. 그러다 노동조합 가입하고 나서 한 명 한 명씩 알게 됐어요. 그때부터 얼굴이 눈에 들어오고 이름도 알게 되고, 그게 제일 큰 변화였어요."

송동주는 군대를 전역하고 친구 소개로 구미공단에 자리한 정류자 생산 공장에 취업했다. 외국계 기업에 정규직으로 입사했지만, 12시간 주야 맞교대 업무였다. 일이 많아도 너무 많아서 주말과 휴일에도 출근할 정도로 쉬는 날이 거의 없었다. 밤 12시에 일을 마치면 다음 날 아침 8시에 출근해야 해서 하루를 온전히 쉰 적이 없었다. 4년 동안 그렇게 일하다 보니 결국 몸이 상했다. 이러다 죽겠다 싶어 어쩔 수 없이 일을 그만두고 쉬었다. 6개월 뒤 일자리를 구했다. 금형 제작소인데 임금이 턱없이 낮았다. 물량에 쫓기다 보면 2박 3일 밤샘 철야를 할 때도 많았지만, 기술을 배우고 싶어서 참고 일했다.

그러던 어느 날 공장이 부도가 났다. 밀린 임금도 퇴직금도 받지 못했지만 비관할 새도 없이 다른 일자리를 찾아다녀야 했다. 그렇지만 가는 곳마다 '아웃소싱'이라는 단어가 보였다. 비정규직 일자리뿐이었다.

"회사에 취직하면 폐업하거나 자꾸 회사 주인이 바뀌는 거예요. 그러다 보면 저는 경력이 없어지죠. 오래 일할 자리가 못 되는 거죠."

어느 순간부터 구미공단에서는 정규직 일자리는 찾아보기 어려웠다. 중소기업에도 마땅한 정규직 일자리가 없었다. 그러다 아는 사람 소개로 지티에스에 들어왔다.

"아! 여기는 정말 굶지 않을 만큼만 돈을 버는구나."

송동주가 일하던 부서는 늘 사람이 부족했다. 잘릴 것 같지는 않아 보였다. 주말마다 특근을 모두 할 정도로 쉬는 날이 없었다.

"그런데 돈이 안 되는 거예요. 월급이 200만 원 정도였어요. 적을 때는 170만 원 정도였고요. 명절 휴가 때는 회사가 대책을 세워 주지 않아서 쉴 수도 없었어요. 스트레스를 많이 받았죠."

노조 간담회를 하러 케이씨 신사를 처음 찾아간 날, 송동주는 배태선 국장을 통해 노동자에게 법적으로 보장된 권리가 있다는 사실을 배웠다. 그때 생각했다. 노조를 만들면 현장을 바꿀 수 있다는 희망을 봤고, 회사 복지가 나아지리라는 막연한 기대를 가슴에 품었다. 그곳에서 케이이씨지회 김성훈도 만났다. 먼저 노조를 만든 케이이씨지회 조합원들이랑 어울려 밥 먹고 술 마시면서 노조 활동 경험을 듣고 고민도 나누며 희망을 현실로 만들어 보려고 했다. 노조가 뭔지 잘 알지 못했지만, 케이이씨지회 조합원들 도움을 받아 공장 사람들하고 노조를 띄울 결심을 할 수 있었다.

하루는 퇴근하고 케이이씨 신사로 가니 차헌호가 기다리고 있었다. 차헌호는 송동주와 민동기를 따로 불러냈다. 한때 금오공과대학교가 있던 사무실 건너편에는 넓은 운동장과 학교 건물이 자리하고 있었다. 건물 안에 들어선 차헌호가 자판기에서 캔 음료를 뽑더니 송동주하고 민동기에게 하나씩 건넸다. 차헌호는 음료수를 한 모금 마시더니 송동주에게 노조 집행부를 맡아 달라고 말을 꺼냈다. 문화체육부장을 제안했다. 갑작스러운 제안에 송동주는 물었다.

"문화체육부장이 뭐 하는 거예요?"

"아, 뭐 꼭 율동을 해야 하는 건 아니야."

율동이라니! 뜬금없는 대답에 송동주는 깜짝 놀랐다.

"나는 그거 시키면 절대 안 한다고, 그만둘 거라고 이야기했어요. 그걸 하는 건 아니라고 했어요. 그때는 케이이씨지회 조합원들을 잘 모를 때였는데, 나중에 알고 보니까 케이이씨지회 문체부장이 율동을 하고 있던 거예요. 그래서 도대체 문체부장이 뭘 하는 거냐고 또 물었어요. 집회나 문화제 등을 기획하는 사람이라고 설명해 주더라고요. 그래서 알겠다고 했는데……, 결국 시키더라고요."

그렇게 송동주는 문체부장, 민동기는 법규부장이 됐고, 노조 집행부에 합류해서 끝까지 싸우는 22명 속에 남아 있다.

—

오수일은 '시이오^{CEO}'를 꿈꿨다. 직장에 다니기보다는 장사해서 꿈을 이루고 싶었다. 성공을 꿈꿨지만 젊은 시절 실패의 고배를 여러 번 마셨다. 오수일의 형님은 엘지전자 정규직 현장 관리자였는데, 엘지가 한창 구조 조정을 할 때 희망퇴직을 신청했다. 그런 경력 덕분으로 엘지전자 공장에 인력 수급을 담당하는 파견 업체를 맡을 수 있었다. 오수일은 형이 하는 사업을 도우려고 대구에서 구미로 이주했다. 얼마 뒤 오수일의 형은 엘지 해외 공장에 비정규직 관리자로 파견을 나갔다. 그 바람에 오수일은 형이 하던 인력 파견 사업을 인수했다. 그렇지만 인력 파견 업체는 점점 늘어났고, 엘지 쪽 현장 관리자들은 형이 떠나자 인맥도 연줄도 없는 오수일을 모른 척했다. 오수일은 꿈을 이루는 계단을 밟고 올라서고 싶어 큰 빚을 지고 말았다.

"돈이라도 많이 벌면 엘지 간부들을 접대하면서 일을 따냈겠지만, 제 인건비 마련하기도 점점 어려워졌어요. 결국 빚만 지고 사업을 접고 말았어요."

구미로 온 지 5년 만에 오수일은 감당할 수 없는 빚을 지고 신용 불량자가 됐다. 법률 구제를 받으려고 백방으로 뛰어다니며 방법을 찾았다. 온갖 잡다한 일을 하면서 빚을 갚았다. 그러다 아사히글라스에서 사람을 모집한다는 구인 광고를 봤다. 빚을 갚으면서 생활할 수 있는 일이 절실할 때 공장 문을 넘었다.

"용역 업체를 운영하면서 엘지전자 현장에 몇 번 들어갈 기회가 있었어요. 현장을 둘러보면 비정규직의 삶이 되게 고달프다는 걸 알 수 있잖아요. 그러니 아사히글라스 사내 하청에 입사하는 건 용기가 필요했다고 생각해요. 주위 시선이 걱정됐죠. 혹시나 나를 알아보는 사람이 있을까 봐요. 그게 제일 먼저 걱정이었어요. 용역 업체 할 때 내가 직접 면접을 본 사람들이랑 마주치지 않을까, 그게 두려웠어요."

다행히 아사히글라스에서 오수일을 알아보는 사람은 없었다. 오수일은 수습 기간 3개월 동안 노란 모자를 쓰고 일했다.

"노란 병아리가 된 느낌이었어요."

오수일은 굿 공정에서 일했다. 커다란 유리 원판에서 기포나 이물질이 있는 불량 부분을 절단해 폐기 처분한 뒤 고객사가 주문한 모델과 수량을 정리해서 양품만 적재하고 창고로 옮겨 놓는 단도리 작업을 했다. 납품 바로 전 단계라 주로 검사 업무를 맡았다.

"저는 얌전히 살아야 했어요. 무조건 잘 적응해야 한다는 신념으로 하루를 살았어요. 불만이 목구멍까지 차올랐지만, 그냥 꾹 눌러놓고만 있어서 속으로 엄청 힘들었죠. 다혈질이라 바로 욱하기도 했는데, 여기서는 그렇게 하면 안 됐죠."

도시락은 늘 품은 불만 중 하나였다. 아사히글라스에는 정규직이 이용하는 식당만 있고 하청 노동자를 위한 식당은 따로 없었다. 3교대 근무는 점심시간도 따로 없었다. 1시간 일하면 20분씩 휴식 시간이 주어졌고, 배달 도시락을 먹었다. 휴게실 탁자 위에 밥과 국과 반찬이 담긴 도시락통을 놓아두면 휴식 시간을 맞은 노동자들이 알아서 자체 배식을 했다. 식사가 도착한 시간과 휴식 시간이 맞아떨어지면 따뜻한 밥과 국을 먹을 수 있었지만, 밥이 도착하는 시간에 일하러 들어가 한참 지난 뒤에 나온 노동자들은 식어 빠진 밥과 국을 꾸역꾸역 삼켜야 했다.

"돼지고기 반찬은 기름이 덕지덕지 떡지고 냄새가 나서 못 먹어요. 그래서 사람들이 자기 돈 주고 컵라면을 사서 전자레인지에 돌려서 먹었죠. 그걸 20분 만에 먹어야 하니까 밥 먹고, 담배 피우고, 화장실 다녀와서 현장으로 들어가야 해요. 밥 먹고 나면 늘 속이 더부룩하고 소화가 안 돼요. 거의 안 씹고 삼키다시피 한 것 같아요."

최저 임금이 오르면 상여금이 깎였다. 매년 임금이 올랐다는데, 오수일은 오른 월급을 체감할 수 없었다. 월급봉투를 받을 때마다 의문과 불만이 한꺼번에 밀려왔다. 노조가 있어야 한다고 생각은 해도 직접 만들 자신은 없었다.

"솔직히 먼저 만들자고 하기에는 겁이 났고, 또 여기서 나는 어떻게든 안전하게 우리 집 가세를 올려야 하는 판국이라 그냥 따라갈 수는 있어도 나서서 할 처지는 아니었어요. 불만만 많았을 뿐이죠."

입사한 지 2년쯤 흐른 때, 드디어 노조가 만들어졌다. 노조가 설립되기 직전에 오수일은 사업에 실패해서 생긴 채무를 어느 정도 해결한 상태였다. 신용 불량이라는 꼬리표를 떼자 큰마음 먹고 새 차도 뽑았다.

노조가 생긴다고 하자 영화를 찍는 듯 스릴도 느껴 보고 사람들이 노조를 만드는 과정도 지켜봤지만, 앞장설 엄두는 내지 못했다. 그러다 5월 28일 차헌호 지회장이 현장에 들어와서 노조 설립을 선포하고 단 하루 만에 노동조합 설립신고증을 받고 난 6월 초에 오수일은 현장 대의원으로 뽑혔다.

"사수인 상원 형이 저를 대의원으로 추천했어요. 못 한다고 사양했는데, 그냥 조회 시간에 사람들을 모아 놓고 추천하더니 투표했어요. 얼떨결에 대의원이 돼 버린 거죠. 그때 아내가 말렸으면 못했을 텐데, 아내가 한번 해 보라고 지지를 해 줘서 할 수 있었어요."

오수일은 아내가 고마웠다. 형편이 어려운데도 노조 활

동을 하려는 남편을 반대하지 않았다. 큰 빚을 지고 허우적대고 있을 때 고통을 분담하자며 엘지 공장에서 비정규직 노동자로 일도 했다. 기간이 만료되거나 물량이 줄어들면 해고당해 엘지 1공장에서 4공장에 걸쳐 재취업을 반복해야 하는 파견 노동자의 비애를 누구보다 잘 아는 아내는 노조가 꼭 필요하다고 생각했다. 그래서 오히려 남편에게 노조를 해 보라고 적극적으로 권했다. 아내 덕분에 오수일은 노동조합에서 제1기 대의원을 맡을 수 있었다.

―

"돈은 적지만 편한 데 가실 분?"

사람들이 손을 든다. 안진석은 가만히 있었다. 편하게 일하는 곳은 없으니까.

"힘들지만 돈을 많이 줍니다. 가실 분?"

안진석이 손을 들었다. 손을 든 사람은 세 명이었고, 석 달 동안 일한 사람은 안진석 혼자였다. 명절이 다가오자 엘지생활건강 선물 세트가 손에 쥐어졌다.

"이제 안 나오셔도 됩니다."

안진석은 일보다 면접이 힘들었다. 부산에서 구미공단으로 이주하고 아사히글라스에 입사할 때 비정규직으로 일하면서 처음으로 안전 교육을 받았다.

"안전 교육을 이렇게 오랜 시간 동안 체계적으로 받아

본 게 처음이었어요. 경비 아저씨도 새로 입사했는지 나랑 같이 교육을 받고 있었어요. (다른 곳은) 일할 구역을 딱 정해 줘요. 선임자가 있으면 일을 배워야 하잖아요. 그런데 '이거 이렇게 놓고 누르고 집어 올릴 때 손 조심하시고요. 누르고 다 되면 놓으세요. 이렇게 하세요'가 끝이에요. 다른 건 없었어요."

안진석이 경험한 비정규직 노동은 늘 그런 식이었다. 어깨 너머로 일을 배울 시간마저 주어지지 않았다. 그저 몇 가지 단순 동작만 알려 주면 그다음부터는 각자 몫이었다. 무한 반복이었다. 그렇지만 아사히글라스는 달라 보였다. 입구부터 체계가 있어 보였다. 신입 직원에게 안전 교육도 했다. 어쩌면 공장 규모가 주는 착각인지도 모르겠다. 정기적으로 안전 교육을 받고 대피 훈련을 했지만, 건물에는 창문이 하나도 없고 사람들이 드나드는 1층 입구에는 염산 보관 탱크가 있었다. 대피 훈련을 받아서 반대 방향으로 이동해야 한다는 사실은 인지했지만, 위험 상황이 발생하면 죽을 수도 있다는 생각을 떨칠 수 없었다.

"'정말 시간 안에 나올 수 있을까?' 이런 의문도 들었어요. 그런 걸 훈련했거든요. 그렇지만 사고가 터지면 대피 훈련이 소용없다는 생각을 항상 갖고 있었어요."

안신석이 소속된 부서에서 일하는 노동자 대다수는 조합에 가입했는데, 현장에서 조합원 의견을 청취해 전달하고 연락도 맡을 사람이 필요하다는 이야기가 나왔다. 딴

에는 연락을 담당할 사람을 뽑지 못한다면 노조로서 치명적 약점이 될 수 있겠다고 생각했다. 안진석은 누가 가장 잘 해낼까 유심히 부서 사람들을 살펴봤다. 그때 딱 한 사람이 눈에 띄었다. 현장에서는 모두 모자를 쓰고 일하는데 유일하게 모자를 쓰지 않고도 당당하게 현장을 돌아다닐 때가 많은 서브 리더였다. 관리자가 있을 때는 모자를 썼지만, 어쨌든 안진석은 서브 리더가 대의원을 하면 조합원들 의견을 부지런히 듣고 노조에 소신껏 전달할 수 있겠다고 생각했다. 안진석은 서브 리더를 노조 대의원으로 추천했다. 모두 좋다고 손뼉을 쳤다.

다음 날 다시 모든 부서원이 모였다. 추천받은 서브 리더가 대의원을 안 하겠다고 했다. 대의원을 다시 뽑아야 하는 상황에서 동료가 안진석하고 성이 같은 안 씨를 추천했다.

"내가 쟤는 안 되겠다 싶었어요. 그래서 다시 서브 리더를 추천했어요."

"형님, 저는 하기 싫으니까 하려면 남 추천하지 말고 형님이 하세요."

안진석이 추천한 서브 리더가 거꾸로 안진석을 추천했다. 그렇게 안진석은 얼떨결에 대의원 후보가 됐다.

"다른 사람들은 의견 없습니까? 그럼 투표하겠습니다."

다행히 안진석은 경선에서 과반수를 얻었다. 아사히사 내하청 노동조합이 구미공단에서 처음으로 설립된 비정규직 노동조합이라면, 안진석은 비정규직 노동조합에서 처음으로 경선을 거쳐 뽑힌 대의원이었다.

> **하청 노동자도 노동조합을 할 수 있다.**
>
> 삼성전자서비스센터에 가면 고객들의 불만을 웃으면서 받아 넘기며 휴대폰을 수리해 주는 이들이 있다. 많은 사람이 이들을 정규직으로 알고 있다. 그러나 모두 하청 업체에 소속된 비정규직이다. 그동안 이들은 늦게까지 힘들게 일하고도 삼성에서 제대로 된 임금을 받지 못했고, 인간적인 대우를 받지 못했다. 삼성의 무노조 정책에도 불구하고 이들은 노동조합을 결성했다.
>
> 하청 업체도 노동조합을 결성할 수 있다. 노동조합 활동은 정규직이든 비정규직이든 법적으로 동일한 보장을 받는다. 도리어 저임금의 열악한 근로 조건에 놓여 있는 비정규직에게 노동조합은 더욱 절실히 필요하다. 저임금과 비인간적인 대우, 불안정한 고용에 더 이상 시달리지 말자. 노동조합으로 뭉쳐서 노동 조건을 개선하자. 단결된 힘으로 일할 맛 나는 일터를 만들자. 자신감을 가지고 당당히 노동조합으로 나아가자.

— 2015년 노조 설립을 위해 차헌호가 현장 노동자들에게 보낸 문자 메시지

'단결투쟁' 머리띠 맬 때

"똑같은 작업복을 입고 일할 때는 남이었거든요.
하지만 머리띠를 매자 더는 남이 아니었어요."

공장 휴게실은 점심을 먹는 식당이기도 하지만 업무 시작 전에 조회를 하는 공간이기도 했다. 노조가 집행부를 선임하고 현장은 대의원을 선출해 체계를 갖췄다. 차헌호는 해고자 신분인데도 지회장이 됐고, 김정태는 3교대 근무를 하면서 사무국장 임무를 수행했다. 노조가 현장을 장악하기 위해 조회 시간을 노조 회의 시간으로 탈바꿈시켰다. 모두 우렁찬 구호를 외치고 나서 일하러 들어갔다. 조합원이 아닌 현장 관리자나 리더는 끼어들지 못했다.

"우리가 워낙 거세게 해 버리니까, 회사가 아무 대응을 못하더라고요. 우리를 그냥 놔둬 버렸어요. 사무실 직원들이 겁먹고 움찔하는 모습을 보며 우리는 사기가 막 올라갔죠. 현장에서 저희에게 잔소리하는 관리자는 하나도 없었어요. 아사히글라스 정규직들은 거의 못 봤어요. 어디로 다 숨었나 봐요. 꼭 우리만 있는 것 같았어요."

오수일은 공장 휴게실에서 두 주먹을 불끈 쥐고 외친 구호가 마치 불에 덴 자국처럼 남아 있었다. '노동조합 만들어서 인간답게 살아 보자.' 공장을 쩌렁쩌렁 울린 소리에는 자기 목소리도 묻어 있었다. 혼자서도 인간답게 살아 보자는 말을 수없이 되뇌었다. 목소리가 커질수록 회사 관리자가 더는 두렵지 않았고, 빅브라더의 수하 같은 관리자들이 가하는 통제를 부숴 버리고 싶었다.

공장 안에서 노동자들은 지게차가 다니는 넓은 길이 텅 비어 있어도 자유롭게 걸어 다닐 수 없었다. 노동자는 길에 그어진 선 안에서만 이동할 수 있었다. 선을 조금이라도 벗어날라치면 관리자들은 욕설을 퍼부었다. 길을 건널 때도 건널목이 표시된 길로 다녀야 했고, 지게차가 보이지 않아도 잠시 서서 손가락으로 왼쪽을 가리켜 '왼쪽 확인, 좋아'라고 하고 나서 오른쪽을 가리켜 '오른쪽 확인, 좋아'라고 한 다음 앞을 확인하는 일명 '지적 구호'를 한 뒤 건너야 했다. 공장 내 규율은 매우 엄격해서 지키지 않으면 모욕을 당했다. 노동자에게 빨간색 '징벌 조끼'를 입혀 수치심을 주입했다.

빨간 조끼 때문에 공장을 그만두고 나간 사람이 적지 않았다. 구석에 숨어서 자다가 하청 업체 관리자에게 들킨 한 노동자는 빨간 조끼를 입고 일하라는 명령을 받자 조끼를 바닥에 내던지고 떠났다. 빨간 조끼는 집단 따돌림을 연상시켰다. 당하는 사람도 지켜보는 사람도 억압하고 통제당하는 불쾌한 기분을 참을 수 없었다. 자기를 막 대하는 회사에 애사심을 가질 리 없었다. 누가 그만두고 나간다고 한들 별반 놀랍지도 않았다. 그렇게 노동은 무감각하게 지속되는 듯했지만, 노동자들 가슴속에는 분노가 차곡차곡 쌓여서 한 번 분출할 날이 오기만 기다리는 듯했다. 오수일은 지게차가 다니는 길을 보란 듯이 마음대로 걸어 보고 싶었다.

"노조가 만들어지자마자 그런 걸 다 무시하고 길 한가운데 걸어 다녔더니 속이 시원하고 정말 통쾌했어요."

대의원이 된 오수일이 처음 맡은 임무는 노조 회의 시간에 머리띠를 나눠 주는 일이었다. 다 같이 머리띠를 묶기로 했지만, 조합원들은 일하러 들어가면서 모자를 썼다. 머리띠는 자연스럽게 주머니 신세가 됐다. 오수일도 첫날은 주머니에 머리띠를 넣어 뒀다. 그러나 다음 날에는 모자 위에 머리띠를 묶었다.

"사실 나는 머리띠 매고 일하는 1시간 동안 벗어야 하나 혼자서라도 매고 있어야 하나 고민했거든요. 혼자만 머리띠 매면 쪽팔리잖아요. 차라리 휴게 시간에 나가서 벗어 놓고 올까 고민했어요."

1시간 정도 일하고 휴게실로 나오니 몇몇이 머리띠를 묶고 현장으로 들어가는 모습이 보였다. 머리띠를 묶고 일하는 이들이 하나둘 늘어났다. 현장에서 '단결투쟁'이라는 글귀가 적힌 머리띠를 매고 일하는 모습을 보자 오수일은 가슴이 뭉클해졌다. 조직이 생긴 현실을 그제야 실감할 수 있었다.

―

대의원 안진석도 머리띠 묶고 일하는 조합원을 바라보면서 '조직석이라는 의미'를 어렴풋이 이해할 수 있었다.

"머리띠를 맸던 기억 나요. 똑같은 작업복을 입고 일할 때는 그런 마음이 안 들었어요. 모두가 머리띠를 매고 있을 때 이게 통일이구나, 이게 단결이구나 싶고, 남이 아니라고 느꼈죠. 똑같은 작업복을 입고 일할 때는 남이었거든요. 하지만 머리띠를 매자 더는 남이 아니었어요."

아사히글라스 공장 안에서 지티에스 소속 노동자들은 머리띠를 매고 일했다. 어색해서 머뭇거리던 일은 금방 잊어버렸다. 어느새 몸의 일부가 된 듯이 몸에 지니고 다녔다. 주간 근무를 하는 상근직들은 점심시간에 휴게실이 아닌 정규직 직원들이 이용하는 식당에서 밥을 먹었다. 송동주와 민동기는 그날도 점심시간에 맞춰 식당으로 이동했다. 식당에 들어서자 직원들이 배식 창구 앞에 기다랗게 줄을 서서 기다리고 있었다. 두 사람도 줄에 합류해 배식을 기다리는데 힐끔 쳐다보는 시선이 느껴졌다. 식당 안이 웅성거렸다. 배식하는 조리 노동자들이 두 사람을 보고 흠칫 놀라는 표정을 지었다.

"시선이 따가워서 뭔가 했더니 저와 동기 형이 머리띠를 매고 줄을 서 있더라고요. 굉장히 민망한 상황이잖아요. 그런데 동기 형도 머리띠를 매고 있고, 비정규직들은 모두 머리띠 매고 일할 때였으니 저도 그걸로 위안 삼았죠. 머리띠 매고 식당에 서 있었어요. 그때 밥을 먹는데 코로 들어갔는지 입으로 들어갔는지 기억이 안 나요."

공장 밖에는 차헌호와 백은호가 있었다. 교대 시간마다 퇴근하는 노동자들이 공장 앞에 모여 약식 집회를 했다. 조합원들은 공장 밖에 차를 주차한 뒤 걸어서 출근했다.

야간 근무를 마치고 아침에 정문으로 걸어 나오는 사람들 얼굴에는 함박웃음이 가득했다. 발걸음은 가볍고 주먹 쥔 팔뚝질은 당찼다. 야간 조 조합원들이 질서정연하게 공장 앞 도로에 모여 〈임을 위한 행진곡〉을 부르고 '노동조합 만들어서 인간답게 살아보자'는 구호를 외쳤다. 마무리 구호는 '투쟁'이었다.

"퇴근하고 내려가면 공장 앞 넓은 도로에 차헌호 지회장하고 같이 해고당한 꽁지머리 형님, 그리고 케이이씨지회 동지들이 있었어요. 거기에 쭉 앉아 집회를 했어요."

안진석은 오수일이 한 말에 덧붙여 공장 앞에서 매일 교대 시간마다 약식 집회를 한 광경을 설명했다. 약식 집회는 차헌호 지회장을 믿고 따르게 된 계기이기도 했다.

"우리가 오후반 근무를 마치고 나면 밤 11시가 넘거든요. 지회장이 밤 11시에도 오후반 근무자들을 기다리고 있다가 약식 집회를 하더라고요. 각 조별로 집회할 때였는데, 제가 생각하기에 최소한 어떤 이익을 바란다면 그 시간에 할 수가 없잖아요. 왜냐하면 아침 퇴근조와 오후 퇴근조 두 번이나 약식 집회를 하면 피곤해서 밤에는 안 해도 되잖아요. 그렇다고 '내가 복직해야 합니다' 그런 것도 아니었어요."

그러고 보니 차헌호와 백은호는 해고자 신세였다. 교대 근무를 마치고 퇴근하는 시간대마다 약식 집회를 하면 해고 문제를 알리고 복직을 요구할 만도 한데, 그때까지 안진석을 비롯해서 조합원들은 복직을 요구하는 말을 한 번도 들은 적이 없었다. 조합원들이 모인 약식 집회 때는 노조 이야기만 했다. 노조를 만들어서 인간답게 살아 보자고 외쳤다.

휴게실에 모인 조합원들은 현장에 들어설 때도 '투쟁'을 외쳤다. 노조를 만드는 일도, 임금을 인상하는 일도, 작업복을 바꾸고 식사 질을 개선하는 일도, 휴식 시간을 확보하고 억울한 체벌을 당하지 않는 일도 투쟁해야 한다고, 투쟁으로 쟁취해야 한다고 외쳤다. 일하다가 다치고 부당한 일을 당하지 않으려면 노동자가 똘똘 뭉쳐서 투쟁해야 한다며 조합원들은 모일 때마다 쩌렁쩌렁 '투쟁'을 외쳤다. '투쟁'을 외치고 나면 없던 자신감도 북돋아 올랐고, 마치 세상에는 노조 조합원들만 존재하는 듯 자신감이 철철 넘쳐흘렀다. '투쟁'을 외치는 소리가 입에도 찰떡같이 달라붙었고 귀에도 친근하게 다가왔다.

지티에스는 다수 조합원이 가입한 노조를 매양 무시할 수 없었다. 회사는 태도를 달리했다. 노조가 교섭을 요구하자 회사는 협상하겠다고 했고, 차헌호는 노조 교섭위원이 돼 지티에스 사장을 다시 만났다. 지티에스는 노무사까지 선임해 교섭 장소에 나왔다. 노조가 한 요구는 소박했다.

노조는 일주일에 두 번 단체 교섭을 하자고 회사에 요구했다. 단체 교섭을 하는 동안 교섭위원 세 명이 노조 활동에 전념할 수 있게 전임 활동을 보장하라고 요구했다. 거기에 더해 노조 사무실도 마련해 달라고 했다.

지티에스 사장은 노조가 내건 요구를 검토도 하기 전에 조건을 내걸었다. 차헌호에게 회사 방침에 따라 한욱솔더 인사 발령에 응하라고 거꾸로 요구했다. 그러고 나서 노조가 요구한 교섭위원 전임 활동을 의논하자고 했지만, 차헌호는 그럴 수 없다고 맞받아쳤다. 회사는 노조 사무실을 공장 밖에 마련할 수 있게 임대료를 지원하겠다고 밝혔지만, 노조는 아사히글라스 공장 안에 노조 사무실을 두고 싶어했다.

차별은 피부로 느껴졌다. 노동자들은 임금 인상에 더해 작업복 교체를 요구했다. 한 공장에서 하루 종일 같이 일하는 사람들이 입는 작업복인데 정규직과 비정규직은 옷이 달랐다. 비정규직 노동자가 입는 작업복은 통기성이 나빴다. 천이 땀을 흡수하지 않아 일을 마칠 때쯤이면 축축하게 젖었다. 정규직 작업복은 훨씬 나았다. 두께도 달랐고, 질감은 천지 차이였다. 유리가 살짝만 스쳐도 작업복이 찢어지는 비정규직 노동자에게 작업복 질 개선은 매우 중요한 문제였다.

회사는 휴게실에 작업복 샘플을 다섯 벌 전시했다. 여전히 싸구려 원단이었다. 허접하고 볼품없기는 매한가지라 조합원들 부아만 돋웠다. 조합원들은 샘플을 치워 버렸다. 정규직 작업복하고 똑같은 제품으로 바꾸라고 목소리를 높이니 회사가 다시 샘플을 가져왔다.

단체 교섭에서 노사 간 의견 차이를 확인하고 밀고 당기는 교섭이 계속됐다. 노조는 조합원들 요구를 관철하기 위해 단체 행동을 벌였고, 첨예하게 대립되는 의견은 쟁점으로 남겨둔 채 합의할 수 있는 사안은 최대한 합의하면서 일반적인 노사 관계 과정을 밟고 있었다.

―

차헌호는 집행부한테서 공장이 돌아가는 사정을 실시간으로 듣고 있었다. 차헌호가 2009년 입사해서 2015년까지 일하는 동안 공장은 생산량이 기하급수로 늘었다. 시간당 생산 물량을 초 단위로 계산했다. 긴 노동 시간도 문제였지만, 초 단위로 생산 속도와 물량을 계산해서 실적 그래프를 만들고 노동자 사이에 경쟁을 붙이는 방식이 더 심각했다. 차헌호가 입사할 때 3분에 유리 한 장을 만들다가 해고당하기 직전에는 40초에 한 장을 만들 정도로 기술력이 좋아졌지만, 노동 강도가 세졌다. 일하는 인원도 줄었다. 신입들이 현장에 들어오면 생산 속도를 따라잡을 수 없어서 힘들어했다. 한 달을 버티지 못하고 나가는 신입이 수두룩했다. 차헌호가 태업을 제안하자 조합원들은 아무도 해 보지 않은 일을 시도하게 됐다.

"저는 60, 70프로만 생산해도 된다, 과감하게 다운시키라고 했어요. 말은 태업을 하자고 했지만 아무도 해 보지 않은 걸 하자니까 당사자들은 마치 사고 치는 것 같았을 거예요. 그러다 보니 10프로, 20프로밖에 못 줄였다고 들었어요. 제가 듣기로는 일이 천천히 가동됐는데도 관리자 중 어느 누구도 말을 안 했다고 하더라고요. 저는 그 과정이 되게 궁금했어요."

노조에서 생산 속도를 줄이자고 결정했지만, 막상 생산 라인 앞에는 현장 관리자들이 오가니까 우성경 수석부지회장이 속도를 줄이지 못하고 어정쩡한 태도를 취했다.

"속도 줄이라고 했잖아."

여전히 자기 앞으로 마구 쏟아지는 물량을 보고 화가 치민 오수일은 그 자리에서 버럭 화를 냈고, 손에 잡히는 양품을 깼다. 예전 같으면 주면 주는 대로 다 받아서 할 일이었다. 공장에서 빨리 하라고 압박하면 어쩔 수 없이 해야 하는 순간도 있었지만, 현장을 바꾸려면 반드시 속도를 낮춰야 했다. 보다 못한 오수일이 결국 밀려드는 물량을 부숴 버렸다. 그런데 신기하게도 관리자가 아무 말도 하지 않았다. 생산 라인을 감시하거나 감독하려고 들지도 않았다. 노조를 겁내고 있는 듯했다. 오수일이 또다시 버럭 소리를 질렀다.

"내가 속도 줄이자고 했잖아. 줄여!"

관리자는 그냥 쳐다만 보더니 자리를 떴다. 오수일도 노동조합이 처음이듯이 회사도 노동조합은 처음이기 때문에 노동자들을 어떻게 대해야 할지 알지 못하는 듯했다. 예전처럼 노동자들을 막 대할 수는 없었다. 분명 달라진 모습이었다.

"예전에는 현장에서 어떤 문제가 발생하면 무조건 제 잘못으로 귀결됐고, 사람들 눈치도 많이 봤어요. 또 예전에는 물량이 많이 나오면 상품권을 받기도 했어요. 최대 물량을 낸다고 잔업을 했더니, 최대 속도가 평균 속도가 돼 있더라고요. 현장에서 열심히 하는 사람들이 있기 마련인데, 리더와 회사에 충성하는 몇몇 사람들이 막 쪼면 저희는 어쩔 수 없이 해야 하는 처지였어요."

생산 물량을 줄이겠다고 마음먹은 오수일과 몇몇 조합원이 현장 사무실을 찾아갔다. 생산 속도를 낮추라고 요구했다. 생산 라인에는 일할 인원이 부족했다. 생산 목표를 맞추려면 인원을 보충해야 하는데 당장 사람이 부족한 상태에서 쥐어짜듯이 일을 시키지 말라고 경고했다. 지티에스 관리자는 아사히글라스에서 신규 채용을 허락하지 않는다고 답했고, 오수일은 지지 않고 그 자리에서 속도를 낮췄다.

"생산량을 줄이자고 해서, 택트 타임*이 그때 30초인가 그랬어요. 우리 앞 공정에서 투입하는 쪽이 30초로 해 놓으니까 물건이 띄엄띄엄 나오는 거예요. 예전에는 엄청 빨리빨리 나오던 게 한 바퀴 돌고 왔는데도 안 나와 있으니

---

* 제품 하나를 생산하는 데 드는 시간.

까 '이거 이래도 돼?' 싶었죠. 또 쉬었다 들어오면 '진짜 이 래도 돼?' 그러고, 라인 속도 줄인 거 보고는 관리자들이 왔다갔다했지만 아무 말도 안 했어요."

생산 물량을 10퍼센트만 줄여도 노동자들은 할 일이 없어진 듯 한가해졌다. 쏟아지는 물량에 쫓기던 가쁜 숨이 편안해졌다. 옆을 돌아볼 여유가 생겼다. 노동자들이 여유를 찾은 이유는 생산 현장을 통제할 수 있는 힘이 생긴 때문이었다. 노조란 그런 힘을 지닌 노동자 집단이라는 사실을 오수일은 단시간에 제대로 경험했다.

노조가 처음부터 생산 속도를 줄이지는 못했지만, 조합원들 덕분에 개개인이 용기 낼 수 있었다. 퇴근하고 약식 집회를 할 때면 그날 하루 동안 현장에서 벌어진 일들로 이야기꽃을 피웠다. 주눅 들지 않고 마치 뭔가 해낸 듯이 환하게 웃으면서 공장 문을 나오는 노동자들은 자신감에 차 있었고, 다 함께 구호를 외치고 행동하면서 현장을 통제하고 생산량을 줄인 기쁨으로 가득 찬 날들이었다.

왜 노동조합인가.

최저 임금, 과도한 생산 물량, 짧은 휴식 시간, 식사 시간 20분, 조끼 입기 등의 비인간적 대우를 받으며 일했다. 일은 일대로 하면서 왜 이런 대접을 받아야 하는가. 언제까지 관리자들의 눈치를 봐야 하는가. 더 이상 무시당하며 일하지 말자.

누군가 노동조합을 만들어 주기를 바란다. 누군가 열악한 노동 조건을 바꿔 주길 바란다.

답은 분명하다. 우리 모두의 힘이 필요하다. 노동자가 단결해서 권리를 찾으라고 노동조합을 법으로 허용하고 있다. 우리는 하나로 뭉쳐서 노동조합을 설립하면 된다. 노동조합을 통해서 노동 조건을 바꾸면 된다. 그것이 노동조합이다.

— 2015년 노조 설립을 위해 차헌호가 현장 노동자들에게 보낸 문자 메시지

138 더하기 1

"쓸 거지만 지금은 못 쓰고 두 달만 미룹시다."

노동조합을 결성한 지 한 달 만이었다. 아사히글라스 공장이 생긴 이래 9년 동안 단 하루도 쉬지 않은 공장이 하루 동안 가동을 멈춘다고 했다. 전기 공사를 한다고 그랬다. 그렇게 하청 노동자들은 상근 업무자와 교대 근무자까지 모두 같은 날 하루 휴가를 받았다.

"'우리끼리 놀아볼래?' 하면서 조합원 단합대회 프로그램을 잡았어요. 구미 옥계에 있는 근로자문화센터 강당을 빌렸어요. 공연팀은 케이씨 노조 사무실에서 율동 연습을 했고, 저는 사회를 보기로 돼 있었거든요. 행사를 준비하다가 밥을 먹는데 문자가 두두두두 한꺼번에 날아오기 시작한 거죠. 전부 해고 통보를 한 문자였어요."

김정태가 말한 동시다발 문자는 도급 계약이 해지돼 지티에스 전 직원이 해고된다는 내용이었다. 사람들은 갑자기 날아든 소식을 믿을 수 없었다. 노조 집행부는 정신을 차리고 모두 행사 장소로 모이라는 긴급 소집을 때렸다. 사회를 보기로 한 김정태가 마이크를 잡았다.

"동지들, 우리, 우리끼리 놀아 보려고 모였습니다. '오늘 신나게 놀려고 많은 걸 준비했습니다'가 저의 사회 멘트였지만, 하지 못하게 생겼습니다. 지금 상황이 심각해진 것 같습니다."

김정태는 케이이씨지회 김성훈에게 마이크를 넘겼다. 행사장에 오기 전에 김성훈은 138명 조합원, 아니 170여 명 하청 노동자가 문자로 집단 해고를 통보받은 소식을 듣자마자 컴퓨터를 켰다. 해고가 곧 노조를 파괴하겠다는 선전 포고라는 사실을 직감했다. 조합원들이 불안하고 흔들릴 수 있다고 여긴 김성훈은 분위기를 전환할 비장의 무기를 찾아야 했다. 마음이 조급해졌다. 행사 시간이 다가왔고, 김성훈이 무대 위로 올라섰다. 강당은 중심에 놓인 무대를 관객석이 둥그렇게 둘러싸는 구조였다. 100명도 넘는 사람들의 200개도 넘는 눈동자가 오로지 김성훈만 뚫어지게 쳐다보고 있었다. 놀라고 분노하고 불안한 눈동자들이 김성훈을 무대 벽 끝으로 밀어낼 듯했다. 김성훈은 눈빛을 받으면서 밀려나지 않으려 안간힘을 썼다.

"그때 죽겠더라고요. 너무 힘들었어요. 조합원들이 다 쫓겨나게 생겼잖아요. 부당한 일이 벌어지고 상처가 생겼잖아요. 그게 가장 가슴 아팠어요. 무대 위에 있으니 100명도 넘는 조합원들 얼굴이 보이잖아요. 그 무게가 감당이 안 되더라고요."

노조를 만들 때 가장 큰 관심사는 '비정규직이 노조를 만들면 잘리는 거 아니냐?'였다. '노조 하면 다 집에 가야 하는 거 아니야?'라는 물음 속에 큰 걱정과 불안이 담겨 있다는 사실을 잘 아는 만큼 차헌호는 노조 경험자인 케이씨지회 김성훈에게 먼저 도움을 청했다. 민주노총 구미지부 간부와 노무사도 찾아와 노조가 지닌 법적 지위와 노동자 권리를 설명해 줬다. 노조 활동이 노동자에게 법적으로 보장된 정당한 권리라는 사실을 쉽게 설명하면서 자신감을 불어넣으려 했다. 그렇지만 결국 올 것이 오고 말았다.

"그런데 이상하게 저더러 거짓말했다고 하는 사람이 한 명도 없었어요. 이거 진짜 거짓말이 돼 버렸잖아요."

차헌호는 노조를 만든다고 해서 해고될 수 있다는 생각은 한 번도 한 적이 없었다. 아사히글라스가 하청 업체를 내보내면 하청 노동자가 하던 일을 정규직이 당장 대체할 수 없다고 믿기 때문이었다. 하청 업체가 맡은 일은 비중이 작지 않았다. 차헌호가 권고사직을 당한 때에도 공백이 16명 생기는 바람에 콜드 공정에 대란이 일어난 사실을 잘 알고 있었다. 그때보다 10배나 많은 노동자를 한꺼번에 쫓아낸다면 현장이 수습될 리 없다고 여겼다.

"해고되고 나서 과장하고 통화를 해 보니 공장이 엉망이라고 하더라고요. 제가 제품을 나르고 정리해서 보관할 건 보관하고 빼 주는 일을 했는데, 그 일을 할 사람이 없었어요. 정리가 안 돼서 거기 놔둘 수 있는 제품이 사나흘 치밖에 안 됐어요. 그럼 빼줘야 하는데 제품이 들어오는 상황이라 물건이 엄청나게 쌓여서 난리가 난 거예요. 노동조합을 깨겠다고 자기들도 엄청 손해를 감수한 거죠. 인수인계도 없이 무리하게 작업을 돌리면서까지 우리를 내보낸다? 저는 속으로 '대단한 놈들이네. 진짜 이걸 다 자른다고? 자본이 이 정도까지 하는구나' 싶었어요. 다시 본 거죠."

조합원 전원이 해고될 위기에 몰린 사실을 알게 된 차헌호도 충격이 이만저만 아니었다. 스스로 받은 충격도 충격이지만 지금 벌어진 사태를 수습하기 위해, 조합원들의 대량 해고 사태를 막기 위해 차헌호가 외쳤다.

"내일 전원 공장으로 출근합니다."

다음 날 아침, 자바라 대문을 설치한 공장 정문에 전에는 본 적 없는 건장한 사내들이 떡하니 버티고 있었다. 용역 경비들이 들어왔다. 공장 안에는 경찰 버스도 서 있었다. 사복 입은 형사가 20명도 넘게 서성거리고 있었다. 차헌호와 조합원들은 출근을 시도했다. 문은 굳게 닫혀 있었고, 덩치 크고 험악하게 생긴 용역 경비들이 몸으로 공장 입구를 가로막았다. 안으로 들어가려는 안진석을 용역 경비들이 밀어냈다.

"우리는 아직 도급 계약이 6개월이나 남아 있습니다."

"못 들어갑니다."

"우리, 출입할 수 있습니다."

경비들 뒤, 공장 안으로 고개 숙이고 있는 관리자들이 보였다. 관리자들은 조합원들 눈을 피했다.

"최저 임금만 받으면서 지금까지 수년을 일했는데 이게 뭐 하는 겁니까? 노조를 만들었다고 문자로 해고하는 경우가 세상천지 어디 있습니까?"

차헌호가 울분에 차서 고래고래 소리를 질렀다. 사람들이 찢어 버릴 듯이 밀고 당기고 옆으로 제치면서 열려고 애써도 자바라 대문은 꿈쩍도 하지 않았다. 노동자들은 그 자리에 바로 천막을 쳤다. 농성장을 만들어 하루 종일 공장 앞을 지키기로 했다. 끼니는 라면으로 해결했다.

―

다음 날은 차량으로 출근을 시도했다. 김정태는 지티에스 출입증을 들고 운전해서 아사히글라스 공장 앞으로 올라갔다. 사원증을 검사한 경비가 지티에스 직원은 들어갈 수 없다고 제지하는 바람에 실랑이가 벌어졌다. 바로 뒤에 김성한이 탄 차가 서 있었다. 경비가 공장으로 들어오지 못하게 막아서자 김성한은 야무지게 따졌다.

"뭡니까? 우리 아직 해고자 아니야. 아직 한 달이나 기간이 있잖아요. 그러니까 우리 법적으로 여기서 일할 수 있고, 일하고 싶은 사람이야. 너희들은 왜 막아?"

김성한이 적당히 실랑이를 벌이다가 돌아서 나오면 다음 조합원이, 다시 그다음 조합원이 공장 정문에서 계속 실랑이를 벌였다. 공장 앞 도로 사거리까지 차들이 길게 늘어서 있었다. 공단 도로는 혼잡해졌고, 아사히글라스 직원들은 제시간에 출근하지 못했다.

김성한은 돌아 나가 공장 입구에서 다시 출근을 시도하다가 용역 경비에게 또 한 번 붙잡혔다.

"윗대가리 불러 봐. 김재근 불러 봐. 김재근은 뭐하노? 자나? 이 새끼 뭐해?"

"그렇게 부르는 사람 아닙니다."

김재근은 아사히글라스 한국 이사였다. 경비에게 사장은 신이지만 김성한에게 사장은 이제 아무것도 아니었다. 하루아침에 문자 한 통으로 일하는 사람을 내쫓는 사장이 신일 리가 없었다.

"내한테는 김재근인데 왜 막노? 법? 일단 서류 갖고 와 봐. 내가 서류 보고 차 빼께."

"경찰 부릅니다."

이미 공장 안에는 경찰 버스가 대기하고 있었다. 실랑이가 길어지면 경찰이 다가왔다. 김성한이 돌아 나가도 뒷줄에는 출근하려는 조합원들이 주르륵 대기하고 있었으니까.

"뒤차도 우리 차거든요. 또 오는 거죠."

조합원들은 출근하겠다는 의지 하나로 공장에 진입하려는 시도를 멈추지 않았다. 가장 혼잡한 아침 출근 시간에 공장 앞에 차들이 몰려 아수라장이 돼 있어도 정규직 노동자들과 아직 해고되지 않은 다른 하청 노동자들은 클랙슨 한 번 울리지 못하고 쥐 죽은 듯 줄 서서 지켜보고만 있었다. 모두 얌전히 줄을 서서 자기 차례를 기다렸다.

"진짜 그때 그 일대에 일하러 가야 하는 차들이 못 가고 여기서부터 다 막혀 있었어요. 그냥 막 마비시켜 버렸으니까. 그때 생각하면 저는 아직도 통쾌하고 유쾌한 기억으로 남아요."

지티에스에 입사한 지 얼마 안 된 김성한은 수습 기간에 노란 모자를 쓰고 일했다. 현장에서 사람들이 머리띠 매고 약식 집회를 할 때 노란 모자를 쓴 채 무리에 섞여 구호를 외치며 노래를 불렀다. 노란 모자가 유난히 눈에 띈 탓인지 일을 가르쳐 준 사수가 김성한을 불렀다.

"파리 목숨이다. 진짜 그러면 안 된다."

"네, 알겠습니다."

그 뒤로 김성한은 집회에 참석하지 못하고 노조도 가입하지 않았다. 그러던 김성한도 문자로 해고 통보를 받고 나서 눈치 볼 것도 없어지자 노조가 하는 일에 동참했다. 그때 허상원이 김성한을 찾아와 노조 가입서를 내밀었다.

"형님, 저는 씁니다. 쓸 거지만, 지금은 못 쓰고 두 달만 미룹시다."

아직 수습 기간이기 때문이었다. 그런 예비 조합원만 스무 명이 넘었다. 예비 조합원들은 문자로 해고 통보를 받자마자 모두 나가 버렸다. 해고자 처지가 된 김성한이 수습 기간이 끝날 때까지 노조 가입을 미룬 이유는 회사에 빌미를 주고 싶지 않기 때문이었다. 서류만 안 쓴 상태에서 매월 3만 원씩 조합비를 꼬박꼬박 냈고, 문자 해고를 당한 날부터 천막 농성장에서 철야 농성 당번도 돌아가며 맡았다. 지티에스가 폐업 신고를 한 9월 어느 날, 김성한은 드디어 가입서를 쓰기로 마음먹었다.

"김정태한테 가입서 달라고 해서 내 손으로 썼어요." 그러니까 아사히사내하청노동조합이 설립될 때 조합원은 '138명 더하기 1명'이었다.

오랜 싸움을 준비하다

"다음으로 우리가 한 게 한 지역에 갇히지 말자는 거였어요."

조합들은 해고된 다음 날부터 공장에 모였다. 사람들이 잠시라도 앉아서 쉴 수 있는 공간이 필요했다. 공장 앞을 계속 지켜야 했다. 사람들이 천막과 팰릿을 사 와서 뚝딱뚝딱 천막 농성장을 완성했다. 하루 종일 천막 농성장을 지켰다. 다들 떠날 줄 몰랐다.

조합원들은 조별로 나뉘어 천막 농성장 당번을 섰다. 철야 농성을 할 때면 각자 술과 안주, 먹을거리를 준비해 농성장에 모였다. 가장 큰 문제는 해고당해 끊긴 월급이었다. 당분간 실업 급여로 생활할 수 있었지만, 점차 들어오는 돈보다 나가야 할 돈이 많아졌다.

그러다 보니 숙제가 생겼다. 끼니를 해결해야 했다. 밥 사 먹을 돈은 턱없이 부족했다. 식당 천막을 만들고 조리팀 네 명을 뽑았다. 주방장이 만 원어치 콩나물을 사서 국을 끓이면 100여 명이 콩나물국에 밥을 말아 먹었다. 어느 날은 콩나물국에 콩나물무침도 나왔다. 콩나물에 고추장을 넣고 비빔밥도 해 먹었다. 천막 농성장에서 100명 넘는 사람이 콩나물과 밥으로 하루 한 끼를 먹었다.

김성한은 주방장을 마술사라고 생각했다. 조합 살림이 넉넉하지 못한데도 매일 천막 농성장에 모여서 선전전을 하고, 서명을 받고, 사람들이 모이면 밥을 해 먹었다. 아침이든 점심이든 하루 한 끼는 함께 먹었다. 사람들은 주방장 김태우를 '짬장'이라고 불렀다. 짬장 김태우는 그전에 작은 식당을 운영한 경험이 있었다. 알뜰한 짬장은 돈을 가장 적게 들여서 모두 밥을 먹을 수 있는 방법을 고심했다. 그래서 콩나물 만 원어치로 100명이 먹을 수 있는 전투 식량을 만드는 마술을 부렸다.

해고자들은 구미 시내도 나갔다. 시민들 앞에서 날벼락 같은 해고 소식을 알렸다. 구미시청도 찾아갔다. 구미시는 외국인 투자 기업을 유치한다면서 아사히글라스에 무상 임대와 세금 감면 등 특혜를 제공했다.

"구미시가 외국 자본을 유치한 목적이나 양해 각서MOU를 체결한 사안에는 고용 보장을 하겠다는 내용이 있어요. 구미시도 책임이 있는 거죠. 그래서 우리는 구미시청 앞에서 천막 농성을 시작했어요. 박근혜 정부 때 시장이었던 이는 보수 꼴통이라 노골적으로 '우리는 할 수 없다. 우리하고는 상관없다'고 대놓고 말하더라고요. 시의회 의장을 만났을 때는 코오롱 노조도 그렇고 노동조합이 더 문제라고 까놓고 이야기하더라고요."

차헌호가 열을 올리면서 말했다. 아사히글라스에 노조가 만들어지기 훨씬 전에 코오롱이 구조조정을 해 대규모 정리 해고 사태가 벌어진 적이 있었다. 억울하게 일자리를 빼앗긴 노동자들이 장기간 투쟁한 사안을 두고 구미시의회 의장이 노조를 혐오하는 인식을 드러내 보였다. 노동자를 막무가내 해고하고 노조를 탄압하는 문제는 아사히글라스라는 일본 외국인 투자 기업에 한정된 일이 아니었다. 구미 시민인 노동자들이 부당한 일을 겪고 억울하게 해고

당하는 재난이 벌어지지만 팔 걷어붙이고 나서는 행정 기관이 없었다. 문제를 해결하겠다는 의지를 가진 정치인도 찾아볼 수 없었다. 2015년 7월과 8월, 조합원들은 직접 뜨거운 여름 땡볕을 쬐며 시민들을 만나러 다녀야 했다.

조합원들은 구미역과 시내 구석구석을 돌면서 선전전을 했다. 구미시에서 특혜를 받고 연간 1조 원 넘게 매출을 올리는 일본 기업 공장이 비정규직 노동자들을 쓰고 버리는 일회용품으로 취급한다고 소리치며 선전했다. 인간답게 살고 싶어 시작한 노조를 빌미로 해고를 통보하는 행위는 부당하다며 시민들에게 호소했다. 구미 시민 3만 5000명이 구미시에도 책임이 있다고 서명했다. 게다가 비정규직 노동자를 보호하는 지역 조례를 제정한 구미시는 비정규직 문제에 누구보다 앞장서야 할 의무와 책임이 있었다. 그런데 서명 용지를 받은 구미시 고위 공무원들은 노조가 문제라며 아사히글라스의 앞잡이가 할 법한 말만 반복할 뿐이었다.

금속노조가 노동자들이 지닌 기본권인 노조 가입 권리를 외면한 일은 문제가 됐다. 현대차비정규직지회, 기아차비정규직지회, 지엠비정규직지회 등 대공장 사내 하청 노조 간부들과 오랫동안 민주 노조 운동을 한 활동가들이 금속노조에 문제를 제기했다. 오수일은 아사히사내하청노동조합이 금속노조에 들어가야 한다고 생각했다.

"우리가 조합원들하고 회의하면서 금속노조에 들어가

야 한다고 했죠. 다른 산별도 우리더러 오라고 했지만, 금속노조에는 법률원이 잘 돼 있어서 지원받을 수도 있으니 어떻게든 들어갈 방법을 강구해야 했어요. 실업 급여를 받는 6개월 동안 금속노조에 들어갈 계획을 세웠죠."

오수일은 자기들을 받아 주지 않는 금속노조를 이해할 수가 없었다. 내막을 알려면 아사히글라스 비정규직 노동자들이 노동조합을 만들기 훨씬 전에 벌어진 일을 들춰야 한다. 금강화섬 폐업 투쟁이 정리되고 얼마 뒤 2007년에 순서를 기다린 듯 한국합섬이 폐업했다. 오랫동안 공장을 지키면서 폐업 투쟁을 펼친 노동자들은 공장이 스타케미칼로 매각되면서 고용 승계가 됐다. 그러다 스타케미칼에서 다시 문제가 불거졌다. 스타케미칼은 공장이 또 한 번 위기를 맞을 듯 불안을 조장한 뒤 노조를 이용해 전 직원 희망퇴직을 신청받았다. 차광호를 비롯한 몇몇 노동자들이 회사의 권모술수에 넘어가 방향을 잃은 노조를 비판하며 투쟁을 시작했다.

2014년 차광호가 스타케미칼 굴뚝 농성에 돌입하게 된 데는 이런 맥락이 있었다. 그때 차헌호는 스타케미칼 사태를 방관한 금속노조 구미지부가 더 큰 문제라고 비판했고, 그러자 금속노조 구미지부 한 간부가 차헌호를 명예훼손으로 고소했다. 사건은 법정으로 갔지만, 차헌호는 무혐의를 처분받았다. 시간이 흘러 차헌호가 아사히글라스에서 비정규직 노동자들을 조직하고 노조를 만들자 금속노조 구미지부는 가입을 받지 않겠다고 통보했다. 오수일은 금속노조에 들어가지 못할 이유가 하나도 없다고 생각했다.

"터닝 포인트는 9월 5일 연대한마당이었어요. 우리가 금속노조에 가입하지 못하고 있을 때 최병승, 김수억, 오지환 같은 비정규직 활동가 동지들이 연대한마당을 열 수 있도록 자리를 만들어 줬어요. 우리가 금속노조에 가입이 안 돼도 우리끼리 하자면서 그 판을 만든 거예요. 그날 최고 압권은 종섭이 형이 각설이 타령을 하면서 춤추고 공연한 거예요. 마무리할 때는 공장 앞에 올라가서 불꽃을 터트렸어요."

조합 재정을 바닥까지 탈탈 닦아 쓰는 상황일 때 연대한마당이 열렸다. 조합 살림을 맡은 김정태 사무국장은 조금 숨통이 트였다. 전국 각지에서 많은 노동자와 시민들이 구미공단으로 모여들었다. 사람들은 비정규직 노동자를 문자 한 통으로 해고한 아사히글라스 자본을 비난했다. 마찬가지로 금속노조가 비정규직 노조를 받아들이지 않은 일도 노동자 기본권을 노조가 침해한 행위라는 비난이 쏟아졌다. 안팎으로 금속노조가 비정규직 노동자들이 노조 할 권리를 인정해야 한다는 여론이 형성되면서 가입을 승인해야 한다는 목소리가 높아졌다.

결국 아사히글라스 비정규직 노동자들이 해고된 지 100일이 지나서 금속노조는 가입을 승인했다. 아사히사내하청노동조합은 그렇게 금속노조아사히비정규직지회(아사히지회)라는 새로운 이름을 얻는다.

—

"다음으로 우리가 한 게 한 지역에 갇히지 말자는 거였어요. 지회장의 아이디어였죠."

오수일은 차헌호가 낸 의견에 공감했다. 돈이 없어서 노조를 못 하는 상황은 만들고 싶지 않았다. 금속노조에 가입하더라도 스스로 재정을 해결할 방법을 찾아야 한다고 생각했다. 실업 급여 다음으로 금속노조가 장기 투쟁 사업장에 지원하는 생계비가 있었지만, 그마저도 9개월 한정이었다. 지원 기간이 끝나면 다시 방법을 마련해야 했다. 지속 가능한 해법이 절실하게 필요했다.

"연대한마당을 해서 일단 급한 불을 껐지만, 이런 기회가 한두 번이지 계속할 수는 없잖아요. 금속노조 투쟁기금이 2016년 9월인가 10월에 끝났는데, 그때쯤 헌호 형이 시엠에스^{CMS}를 해 보자고 했어요. 후원 주점도 하고, 김 판매 같은 재정 사업도 하면서 조금 나아졌어요."

김정태는 차헌호에게 시엠에스라는 단어를 처음 들었다. 민주노총 서울본부 시엠에스 담당자에게 전화해 보라는 말만 듣고 전화를 걸었다.

"제가 컴퓨터 앞에 앉아서 어떻게 하는지 물어봤어요. 시엠에스 사이트에 들어가라고 해서 들어갔죠. 아이디랑

비밀번호를 입력해서 회원 가입하고 접속했고, 우리 짬장님 형수 통장을 등록했어요. 시엠에스 가입도 받아야 했죠."

재정 만들기도 투쟁이었다. 생계 기금 1만 원을 매달 시엠에스로 보내 주는 후원자 2200명을 만든다는 목표를 세운 조합원들은 세 팀으로 나눠 움직였다. 큰 집회에 참여해 아사히지회를 알리고 투쟁을 이어 갈 수 있게 후원해 달라고 홍보했다. 노조별로 대의원대회 같은 큰 행사를 찾아다녔고, 운영위원회 등 각종 회의에 들어가 설명했다. 언론 기고도 빼놓지 않았다. 다행히 사람들은 뜨겁게 반응했다. 투쟁을 지켜 주려는 마음이 하나둘 모여들었다. 가입서를 내밀면 선뜻 써 주는 이들 덕분에 아사히지회도 힘을 얻었다.

"몇 천 명이 시엠에스에 가입해서 우리도 조금 버틸 수 있구나, 사람들이 나름대로 약간 한시름을 놨다고 한 기억이 나요."

김정태가 말했다. 그렇게 아사히지회는 차곡차곡 오래 싸울 준비를 했다.

내가 하는 싸움이 역사가 될 때

"허공을 보면서 생각하면 나도 모르게 눈물이 나요."

안진석은 회사가 희망퇴직을 종용할 때 '이건 굴복이다'고 생각했다. 회사가 위로금으로 제시한 돈은 1000만 원도 채 되지 않았다. 지금까지 회사를 옮겨 다니면서도 회사에 반감을 품은 적이 없었다. 희망퇴직 신청서를 받는다는 공지는 언제나 '귀 노동조합의 무궁한 발전을 기원합니다'로 시작했다. 안진석은 이 문장을 경멸했다. 회사가 얼마나 위선적이고 폭력적인지 톡톡히 경험한 탓이었다. 그때 아주 오래전 일이 기억났다. 돈 1000만 원을 사기당했다. 돈을 갚으려고 몇 년 동안 고생했다. 회사가 주겠다는 돈을 사기당한 돈이라 생각하기로 했다. 그래서 그냥 남기로 했다. 희망퇴직 신청서 따위는 쓰지 않기로 마음을 정했다.

그렇지만 안진석에게 제발 노조에 가입만 하라던 하병국은 사정이 달랐다. 느지막하게 막둥이를 낳은 하병국은 조직부장으로 책임을 다하려 애썼지만, '100일 투쟁문화제'를 끝으로 희망퇴직을 신청하고 떠났다. 안진석은 하병국을 이해했다. 저마다 노조를 하게 되는 이유가 있듯이 노조를 떠날 수밖에 없는 데에도 저마다 사정이 있다는 사실을 안진석은 잘 알았다.

계절이 네 번이나 바뀌는 동안 회사도 가만히 지켜보고 있지는 않았다. 노조를 깨려고 갖은 방법을 동원했다. 해고 노동자들이 공장 안에 들어오지 못하게 접근 금지 가처분 신청을 했고, 법원은 받아들였다. 공장 안에 들어가면 한 회에 50만 원씩 간접 강제금이 부과됐다. 작업복과 개인 소지품은 여전히 공장 안 사물함에 보관돼 있기 때문에 노동자들은 '내 물건이 공장에 있는데 어디로 가란 말이냐'며 분개했다. 내 물건을 찾으러 공장에 들어갈 수 있다고 생각했건만, 이제 영영 그럴 수 없게 됐다. 회사는 집집마다 희망퇴직 신청서를 보냈다. 개인별로 접촉해 희망퇴직 신청서를 쓰면 위로금을 주겠다고 회유했다. 마냥 싸울 수만은 없다고 생각한 노동자 여럿이 공장을 떠났다. 희망퇴직 신청서를 작성하지 않고 위로금도 받지 않겠다고 한 노동자들은 2015년 8월 31일 자로 해고됐다. 공장 앞 천막 농성장에는 48명만 남았다.

해가 바뀌는 사이 '노동조합 만들어서 인간답게 살아 보자'고 굳게 약속한 노동자들은 한솥밥 먹고 새벽이슬 맞으며 어느새 '민주노조 사수하고 현장으로 돌아가자'는 구호를 음절 딱딱 맞춰 기개 넘치게 외칠 수 있게 됐다. 문체부장이 되면 율동은 절대 안 하겠다던 송동주는 '허공'이라는 몸짓패를 만들었다. 투쟁문화제가 열리면 몸짓 공연을 선보였고, 다른 사업장에 찾아가 몸짓으로 연대했다.

처음 몸짓패를 만들자고 적극적으로 나선 사람은 조직부장 하병국이었다. 노조를 만들 때 남다른 열의를 보이더니 투쟁 100일을 맞아 여는 투쟁문화제에서 몸짓 공연을 해 보자는 제안도 했다. 원래 댄스를 좋아한다며 이번 기회에 꼭 춤을 배우고 싶다는 열정을 내보였다. 남기웅과 장명주도 끌어들여 팀을 만들었다. 에어로빅 강사를 초빙

해 강습도 받았다. 해고되고 나서 100일을 맞는 투쟁문화제에서 〈불티〉라는 노래에 맞춰 멋진 공연을 선보인 하병국은 1차 희망퇴직 때 공장을 떠났다. 송동주와 남기웅, 장명주는 하병국이 떠난 뒤에도 흩어지지 않고 '허를 찌르는 공연'을 이어 갔다. '허공'은 아사히지회 집회에서 언제나 마지막을 장식해 열띤 환호를 받았다.

"허공의 옛날 모습이 생생하게 기억나요. 초기에 정말 못 하고 어설펐는데, 지금은 무대에서 공연할 때 보면 사력을 다해서 너무 멋있게 집중하거든요. 우리 전체 모습을 허공이 그대로 보여 주는 거예요. 몸짓패 세 사람이 변화된 우리 모습까지 그대로 보여 주는 것 같고, 그 과정들이 다 느껴지는 거죠. 지금까지 해 온 과정을 허공을 보면서 생각하면 나도 모르게 눈물이 나요."

투쟁하면서 눈물 흘린 기억을 묻자 차헌호가 답했다. 대량 해고 사태가 터질 때만 해도 아무도 이렇게 오랜 싸움을 상상하지 못했다. 그냥 오래 싸우기만 하지는 않았다. 어설픈 몸짓은 혼신을 바치는 날갯짓이 됐고, 자기만의 무대를 열어젖혔다. 아사히지회의 투쟁이 역사가 되는 무대 말이다.

—

아사히지회에도 좋은 소식이 전해졌다. 아사히글라스

가 저지른 부당 노동 행위가 인정됐다. 중앙노동위원회는 직원과 사내 하청 업체 소속 노동자들이 쉽게 볼 수 있게 판정문 내용을 20일 이상 게시하라고 아사히글라스에 주문했다.

아사히초자화인테크노한국 주식회사는 2016년 3월 25일 중앙노동위원회에서 '주식회사 지티에스에 대한 실질적인 영향력과 지배력을 행사해 그 소속 근로자들이나 이 사건 노동조합의 정당한 노동조합 활동이 위축 또는 침해되는 행위를 했고, 이는 〈노동조합 및 노동관계조정법〉 제81조 제4호의 지배-개입의 부당노동행위에 해당된다'고 판정을 받았습니다.

여기에 더해 중앙노동위원회는 납땜 공장에 무단결근한 이유를 들어 차헌호와 백은호를 징계 해고한 사안도 아사히글라스와 지티에스가 사전에 공모한 정황이 인정돼 부당 해고와 지배 개입, 불이익 취급 등 부당 노동 행위에 해당한다고 인정했다.

이런 결정은 아사히지회가 벌인 투쟁이 정당하다고 입증한 셈이지만 강제력은 없었다. 아사히글라스는 원청 사용자성을 정면 부정하고 노동부가 내린 시정 명령을 거부했다. 노동부는 과태료 17억 8000만 원을 부과하겠다고 경고했지만, 아사히글라스는 도리어 행정 소송을 제기했다. 잘못을 인정할 생각이 없다는 뜻이었다. 오히려 퇴직 위로금 명목으로 보상 카드를 꺼내 들었다. 2차 희망퇴직 신청을 받겠다면서 지난번보다 두툼한 위로금으로 조합원들을 흔들었다. 그런 덕분일까? 우성경은 오수일을 실망시켰다.

어느 날 우성경이 오수일을 술자리로 불러냈다. 오수일이 가게 문을 열고 들어가니 우성경은 아사히글라스 총무과 직원들하고 술을 마시고 있었다. 우성경은 오수일에게 술잔을 권했다. 오수일은 잠자코 옆에 앉아 술을 받아 마셨다. 우성경은 총무과 직원들 앞에서 노조가 싸운들 소용없다는 투로 비아냥거렸다. 화가 치민 오수일은 노조 조직부장이 된 허상원에게 전화를 걸었다.

허상원은 울먹이는 이야기를 듣다가 다급히 물었다.

"녹음했나?"

"네, 녹음했어요."

허상원은 곧바로 차헌호에게 연락했다. 노조 수석부지회장이라는 사람이 위로금을 더 많이 챙길 욕심에 회사가 원하는 대로 2차 희망퇴직 신청자를 조직하고 있었다. 우성경은 결국 2차 희망퇴직을 신청한 사람들을 모아 위로금을 받고 떠났다. 여전히 싸우겠다는 조합원은 23명이었다. 끝까지 갈 사람들이었다. 이제는 정말 끝까지 갈 사람만 남은 셈이라고 오수일은 조합원들과 자기 자신을 다독였다.

"우리의 싸움이 안 된다고 생각한 적이 한 번도 없었어요. 물론 집사람한테는 미안하지만 나는 끝까지 간다고 마음먹지 않았으면 처음부터 안 했을 거예요. 설사 하다가 못 이긴다고 해도, 같이 고생하던 우리 아사히비정규직지회가 '그래 여기까지만 하자'고 다 같이 이야기하면 몰라도, 회사 측 관리자랑 술 마시면서 아사히비정규직지회는 싸워도 소용없다고 말하는 건 받아들일 수 없었어요. 떠나보낼 때 마음이 안 좋았지만, 그래도 우리는 계속 싸워야 하니까 어쩔 수 없었죠."

다음 날부터 시작이었다. 오수일은 '금속노조 아사히비정규직지회'라는 글자를 새긴 깃발을 들고 아침 출근 선전전에 나섰다. 차들이 지나가는 정문 한가운데 중앙선이 오수일이 선 자리였다. 적진을 똑바로 마주 보겠다는 의지를 드러낸 오수일은 노조를 지탱하는 중심이 돼 오랫동안 그 자리를 지키고 있다.

이제 희망퇴직 신청서를 두툼하게 받은 회사는 바라던 목적을 달성했을까. 아사히글라스는 남은 조합원들을 얕잡아 보고 공장 앞에 성벽처럼 쌓아 놓은 천막 농성장을 무너트릴 계획을 세웠다.

—

행정 대집행이 있기 전날이었다. 2016년 4월 20일, 아사히지회는 구미시청으로 향했다. 시장 면담을 요청했다. 해고되고 난 뒤부터 끈질기게 만나자고 해도 번번이 거부했다. 구미시가 엄청난 특혜를 주고 유치한 일본 외국인 투자 기업 아사히글라스가 노동자를 대규모로 해고해도 특혜는 지속됐다. 구미시장은 시민 3만 5000명이 시가 나서서 해결하라고 하는데도 들은 체하지 않았다. 오히려 시민이자 부당하게 해고된 노동자들이 머무는 천막 농성장에 행정 대집행을 준비하고 있었다.

구미시장은 노동자들 코앞에서 관용차를 타고 떠났다. 공무원 40여 명이 떼거리로 나와 노동자들이 들어오지 못하게 현관에 진을 치고 있었다. 문전박대를 당한 노동자들은 어쩔 수 없이 출입구와 계단에 자리를 잡았다. 무시당한 노동자들은 시장이 돌아오기만을 기다렸다. 점심시간이 돼 짜장면을 배달시켰다. 밥은 먹으면서 싸워야 했다.

"짜장면 시키지 말고 식당 가세요."

노동자들이 짜장면을 시킨 사실을 알게 된 공무원이 말했다. 민원을 넣으러 찾아온 시민에게 할 말이 고작 나가라는 말밖에 없었을까. 공무원이 나가라는 말을 반복하는데 짜장면이 도착했다.

"여기서 먹으면 안 됩니다."

공무원이 하는 말도 바뀌었다. 차헌호는 아랑곳하지 않고 점심 먹을 채비를 했다.

"짜장면만 먹고 갑니다."

차헌호가 대꾸했다. 구미시는 지난 8개월 동안 시장 면담을 요구한 노동자들을 쫓아내느라 급급했다. 시청 건물에 들어갈 수도 없어서 늘 현관 출입구 바닥에서 시간을 보냈다. 점심시간이 돼도 갈 데가 마땅찮아 밥상도 없는 길바닥에서 짜장면을 시켜야 했다.

노동자들을 쫓아내겠다는 의지로 가득 찬 공무원들은 나가라는 말만 기계적으로 내뱉었다. 반복되는 요구를 듣던 차헌호는 짜장면 그릇을 시청 건물 유리 벽에 던졌다. 시커먼 짜장 양념이 벽에 부딪혀 바닥에 쏟아졌다. 여기저기 양념이 튀었다. 공무원들도 놀랐고, 조합원들도 눈이 휘둥그레졌다. 세상은 잠시나마 조용해졌다. 차헌호는 그 자리에 그대로 앉아서 태연하게 짜장면 그릇을 다시 집어 들고 먹었다. 지켜보던 공무원이 112에 신고했고, 짜장면을 던진 차헌호는 현행범으로 체포됐다. 차헌호는 재판에 회부돼 벌금형을 받았다.

—

다음날인 4월 21일 새벽 6시, 구미시는 공무원과 용역 직원 700명을 동원해 천막 농성장 두 곳을 대상으로 동시에 행정 대집행을 시작했다. 구미시청 앞과 아사히글라스 공장 정문 앞이었다. 구미시청 앞 천막 농성장은 용역 직원들이 순식간에 점령했다. 농성장을 지키던 오수일을 비롯한 조합원들은 공장 앞으로 이동했다. 공장으로 진입하는 도로는 경찰들이 교통을 통제하고 있었다. 구미시 공무원과 용역 직원들이 경찰 보호를 받으며 천막 농성장을 포

위하고 있었다.

  조합원들은 자기 몸에 밧줄을 둘러 천막 농성장에 묶었다. 인간 방패가 돼 목에 밧줄을 건 이들도 있었다. 하필이면 날씨까지 궂어서 새벽부터 비가 하염없이 내렸다. 경찰들이 천막 농성장에 모여든 사람들을 옥죄었다. 아사히글라스 공장 입구는 구미시 공무원과 철거 용역, 경찰들까지 다수에게 포위된 소수 조합원과 연대자들로 아수라장이 됐다. 빗물인지 눈물인지 알 길 없는 물줄기가 사람들 얼굴을 하염없이 흘러내렸다.

  경찰은 방송차 위에서 마이크를 잡은 차헌호를 끌어내 연행했다. 밀리지 않으려 저항하던 중에 이민우를 비롯해 세 사람이 더 끌려갔다. 경찰이 신호를 보내자 철거 용역들이 천막 농성장을 부수기 시작했다. 천막이 기울어지자 인간 방패가 쓰러지면서 밧줄이 조합원들 목을 조였다. 숨을 쉴 수 없어 호흡 곤란이 온 사람도 있었고, 천막이 쓰러지는 바람에 밑에 깔린 사람도 있었다. 천막과 집기와 사람이 뒤섞여 바닥에 나뒹굴면서 위급한 상황이 벌어지는데도 철거 용역들은 행정 대집행을 멈추지 않았다. 경찰은 용역들이 철거를 순조롭게 진행할 수 있게 저항하는 노동자들을 억눌렀다. 임종섭은 밧줄에 목이 졸렸고, 김성한은 바닥에 깔렸다. 두 사람은 구급차를 타고 병원으로 갔다.

  김성한은 천막이 뜯겨서 억울했다. 천막과 자기 목을 묶은 임종섭이 죽을 뻔한 사실에 몸서리쳤다. 가만히 있을 수 없었다.

"종섭이 형한테 '우리 쳐들어갑시다. 형님이 동의하면 저는 갑니다. 형님 안 가도 저는 갑니다' 하고 병실에 누워 이야기하니까, 종섭이 형이 같이 가자고 했어요."

그다음 날 조합원들은 구미시청으로 몰려갔다. 시장 면담을 요구하며 항의했지만, 이번에도 문전박대였다. 임종섭과 김성한은 환자복을 입은 채 병원에서 구미시청까지 택시를 타고 왔다. 시청 건물로 들어가려 해도 이미 봉쇄된 상태였다. 공무원들이 나와서 길을 막았다. 그냥 물러설 수 없었다. 환자복을 입은 채 찬 바닥에 그대로 드러누웠다. 사과할 때까지 일어나지 않을 생각이었다. 조합원들은 온몸으로 항의했다.

"너무 억울했어요. 시청 공무원들이 뭐냐, 외국 기업에 혜택은 주면서 우리는 왜 찬밥이냐. 한번 콧대를 꺾어야 한다고, 마비를 시키든지 해야 한다면서 난리를 쳤어요."

조합원들은 며칠 동안 구미시청에서 싸웠다. 시장 사과에 더해 병원비, 천막 4동 파손, 앰프 파손 등을 배상하라고 요구했다. 결국 남유진 구미시장은 다친 조합원들에게 유감을 표했고, 배상금 442만 원을 지불했다. 진심 어린 사과는 없었다.

"우리가 환자복 입고 시청에 눕고 난리 치니까 공무원들이 보상하겠다고 한 거지. 야들이 하는 말이 농성장 두 번 다시 손 안 대겠다고 한 거죠. 우리도 매듭을 지어야 하잖아요. 우리도 시청에서 계속할지 말지 의논했지만, 계속 시청에서 싸우기만 한다고 쟤들이 진심으로 사과할 것도 아니고 조합원들이 거의 다 더 싸우는 건 의미 없다고 하면서 방향을 서울로 틀었다고 봐요."

김성한은 사과받지 못해서 아쉽기는 하지만 구미시가 휘두른 횡포와 만행에 체념하지 않고 동료들이 함께 싸운 일이 자랑스러웠다. 그 뒤로 긴긴 투쟁 동안 천막 농성장은 별 탈 없이 유지됐다.

김성한이 입사한 지 얼마 안 돼 노조가 만들어졌다. 수습 기간에 노란색 모자를 쓰고 집회에 나갔는데, 노란 모자가 눈에 띄어 현장 관리자가 단속하는 바람에 노조 집회에 참석하지 못했다. 그렇지만 환자복을 입고 투쟁하는 김성한을 존중하지 않는 조합원은 없었다. 그런 덕분에 자신감이 생긴 김성한은 자기가 한 투쟁이 역사가 되는 순간을 맞이할 수 있었다.

조합원들은 행정 대집행 때문에 처참하게 부서진 농성장을 새로 지었다. 이번에는 집 짓듯이 쇠 파이프로 뼈대를 세워 튼튼하게 만들었다. 합판을 대어 잠자고 휴식할 공간과 밥 먹을 식당도 마련했다. 온갖 시위 물품을 보관할 창고도 만들었다. 손님을 맞이할 '연대자의 방'도 마련했다. 방 세 칸짜리 꽤 널찍한 집을 한 채 지었다. 구미시에서 다시는 행정 대집행을 하지 않겠다는 약속을 받은 만큼 투쟁한 지 9년이 되는 2024년까지 농성장은 잘 유지됐다.

"함께할 때만이 많은 노동자의 문제가 풀릴 수 있겠다는 희망이 보여요."

구미시도 시민 3만 5000명이 서명한 요구를 마냥 모른 척할 수만은 없는지 노사민정협의회를 만들었다. 보수적인 구미시와 한국노총은 그렇게 아사히글라스와 아사히지회를 불러들였다.

"우리가 먼저 들어가서 이야기하고 나오면 사측이 들어가서 이야기를 했는데, 우리한테는 돈 받고 끝내면 안 되냐고 하더라고요. 사실 새누리당이었으니 실망할 것도 없었어요. 그냥 돈 받고 끝내면 안 되냐는 건 회사랑 똑같은 이야기잖아요."

심지어 노동부 관계자도 참관하는 자리였다. 억울하게 해고된 노동자들이 사연을 들어 주는 공직자를 만나기란 모래사장에서 진주를 줍는 일만큼 어렵다. 눈을 씻고 찾아 봐도 노동자 권리를 보호하려 애쓰는 정치인은 없었다. 마치 구미공단에는 노조가 있으면 안 된다는 식으로 위화감마저 조성했다. 차헌호는 아사히글라스를 불러내려고 끓어오르는 분노를 꾹꾹 눌렀다. 그러나 일방적인 주문은 한결같았고, 더는 협상에서 기대할 내용이 없었다.

아사히지회는 부당 해고, 부당 노동 행위, 파견법 위반 등에 관련된 고소와 고발도 했다. 그러자 노동부 근로개선지도과 과장은 차헌호에게 투쟁이 길어져서 걱정이라며 조합원 고생시키지 말고 빨리 합의하면 안 좋겠느냐고 했다. 금전 합의를 하라는 뜻이었다.

투쟁이 길어지는 이유에는 행정 기관이 저지른 직무 유

기 관행도 한몫했다. 하루아침에 178명이나 되는 노동자가 대량 해고를 당해 쫓겨나는 긴박한 상황에도 노동부는 행정 지도나 행정 처분을 하지 않았다. 노동자들이 고통을 겪는 시간이 길어지는 현실을 애써 외면했다. 아사히글라스하고 입이라도 맞춘 듯 돈 몇 푼으로 대신하자는 말을 쉽게 내뱉었다. 그렇다고 노동자들이 혹할 만큼 큰 액수를 제시하지도 않았다. 이런 시간 끌기 행정은 기업이 노동자를 손쉽게 공격할 시간만 벌어 주고 있었다.

차헌호는 지방에서 문제가 풀리지 않을 때 노동자들이 서울로 올라간다는 사실을 금강화섬 폐업 투쟁을 경험하면서 이미 알았다. 금강화섬 본사는 서울 한복판 명동에 있었다. 100명도 넘는 노동자가 날마다 사람들로 넘쳐 나는 명동에서 집회를 열고 본사로 항의하러 쳐들어갔다. 투쟁 사업장도 찾아다녔다. 다들 금강화섬 노동자들을 반겼고, 명동으로 와 함께 항의도 했다. 그러던 어느 날 금강화섬 본사가 야반도주하는 일이 벌어졌다. 알고 보니 같은 건물에 입주한 다른 기업들과 주변 상가에서 항의가 빗발친 모양이었다. 금강화섬 노동자들은 물론 연대하는 노동자들까지 자꾸 모여들고, 항의하고, 집회를 열어서 이만저만 부담이 아닐 수 없었다.

아사히글라스는 서울에 본사가 없었다. 그렇다고 해도 공장 앞에서 피켓만 드는 집회는 별 효과가 없었다. 아사히지회는 전국 곳곳 투쟁 사업장에 직접 찾아가야겠다고 생각했다. 노동자가 연대해 덩치를 키우면 목소리도 커진다는 사실을 차헌호는 오래전부터 알고 있었다. 투쟁을 시작하자 생존을 위한 연대가 절실해졌다. 작디작은 정어리가 떼로 모이면 거대한 고래를 위협할 수 있듯이, 무서운 상어에게 대항할 수 있듯이, 투쟁하는 사업장들을 모아서 규모 있게 투쟁하겠다는 야심 찬 계획을 세웠다.

―

2015년 10월, 여러 투쟁 사업장 노동자들이 모였다. 사안이 터질 때마다 동원하고 밀어주는 품앗이 연대를 넘어서자는 목소리가 커졌고, 공동 투쟁을 기획하자는 의견도 나왔다. 세월호 참사는 진상을 규명하지 못했고, 미수습 실종자도 찾지 못했다. 민중의 삶을 송두리째 뒤흔드는 재개발과 핵발전소, 군사 시설 확충 등 여러 문제가 한국 사회 곳곳에 펼쳐져 있었다. 노동자들은 공장 폐쇄, 구조 조정, 정리 해고, 민주 노조 말살 등 다양한 공격을 받고 있었다. 비정규직 노동자를 둘러싼 현실은 비참했고, 투쟁하는 노동자들은 자꾸만 늘어났다. 투쟁이 시작되면 장기간 길거리에서 생활해야 했다. 투쟁이 길어질수록 생존도 쉽지 않았다.

2015년 11월, 전국 곳곳에서 온 노동자와 농민이 서울로 모여들었다. 박근혜 정권은 생존권을 요구하는 절규에 귀 기울이기는커녕 경찰을 앞장세웠다. 집회 장소에서 한 발자국도 나아가지 못하게 경찰 버스로 차벽을 쌓았다. 집회와 시위는 자유롭게 보장되지 않았다. 아스팔트에 갇힌 사람들이 길을 뚫으려 할 때마다 경찰은 물대포를 쏘아 댔다. 결국 길을 뚫겠다며 앞장선 백남기 농민이 물대포를 맞고 쓰러져 혼수상태에 빠졌다. 군사 정권의 망령이 되살아나는 순간이었다. 소중한 생명을 위협하는 폭력 정권을 마주한 노동자들은 평범한 사람들의 삶을 나락으로 떨어트리는 박근혜 정권에 맞서 싸우지 않으면 자기 사업장 문제를 해결할 수 없다고 직관했다.

그해 겨울, 투쟁 사업장 노동자들이 구미시 해평면에 모여 수련회를 했다. 장기 투쟁이라는 공통분모가 있고 노동자라는 계급적 지위도 같았지만, 서로 다른 현실을 속속들이 이해하려면 알아 가는 시간이 필요했다. 모두 함께 할 수 있는 실천 과제를 찾아야 했다. '정리 해고 철폐! 비정규직 철폐! 민주 노조 사수! 노동 탄압 민생 파탄 박근혜 정권 퇴진을 위한 투쟁 사업장 공동 투쟁'(공투)을 기획하자는 결정은 그렇게 내려졌다. '함께 투쟁하고 함께 승리하자'는 구호를 내건 이 공동 투쟁에서 차헌호는 공동 대표가 돼 무거운 책임을 짊어졌다.

아사히지회, 하이텍알씨디코리아분회, 하이디스지회, 콜트콜텍지회, 현대차비정규직지회, 세종호텔지부, 동양시멘트 지부 등 장기 투쟁 사업장은 '공투'라는 외양을 갖추고 거대한 투쟁을 만들기 위해 전국 곳곳에 흩어져 투쟁하는 노동자들을 직접 찾아 나섰다. 3박 4일 일정이었다. 공투 버스는 구미공단 아사히지회 천막 농성장에 집결해 출발하기로 돼 있었다.

—

2016년 3월 23일 수요일, 아침부터 아사히지회 천막 농성장 식당에서 두 남자가 분주하게 손을 놀렸다. 배추 우거지와 고사리 같은 나물을 듬뿍 담은 빨간 대야에 고춧가루와 마늘 한 국자를 넣었다. 간장을 부으면서 간을 보더니 양손으로 조물조물 치대기 시작했다. 겉절이 양념을 버무리냐 물으니 닭개장을 끓인다고 했다. 닭 세 마리를 푹 삶아 살코기를 바르고 육수를 냈다. 양념에 버무린 나물을 육수에 넣어 펄펄 끓였다.

두 남자는 3박 4일간 전국에 흩어진 장기 투쟁 사업장을 찾아다닐 공투 동지들이 출발 전에 든든하게 배를 채울 식사를 준비했다. 밥 짓는 일은 잘 안 보이는 고된 노동이다. 장기 투쟁을 하는 천막 농성장에서도 밥 짓는 노동은 빠질 수 없다. 아사히지회는 투쟁을 시작할 때부터 밥을 담당하는 짬장이 있었다.

"이것이 나의 투쟁 방식입니다."

짬장은 말했다. 자기 방식대로 투쟁하고 있다는 말이 인상적이었다. 멋있어 보이면서도 한편으로는 자기를 밥만 하는 사람으로 규정하지 않으면 좋겠다는 걱정도 들었다.

이내 천막 농성장이 북적거리기 시작했다. 서울과 이천, 삼척과 군산, 창원에서 먼 거리를 달려온 사람들이었다. 점심시간에 맞춰 나온 닭개장을 한 그릇씩 먹더니 입을 맞춘 듯 간이 딱 맞는다는 칭찬을 아끼지 않았다. 알고 보니 짬장은 아사히글라스에 입사하기 전에 찜닭 전문점을 운영한 요리사였다.

―

공투 전국순회 버스는 우선 충청북도 영동으로 향했다. 유성기업지회 집행부로 활동하던 한광호 열사가 며칠 전에 자결한 소식 때문이었다. 한광호는 2011년부터 유성기업이 시도한 신종 노조 파괴 시나리오에 맞서 싸운 사람이다. 5년 넘는 시간 동안 끊임없이 시달리다가 스스로 목숨을 끊었다. 유성기업지회 조합원들은 파업에 돌입했다. 신종 노조 파괴 시나리오를 만든 현대기아차가 죽음을 강요한 장본인이라 여긴 노조 집행부와 해고자들은 서울시청 앞에 분향소를 설치해 이 사안을 알리려 했다. 그러나 자본은 용납하지 않았다. 경찰을 동원해 분향소를 설치하려는 노동자들을 막았다. 깔개와 비닐 조각도 모조리 빼앗고 영정을 땅바닥에 패대기치는 만행도 저질렀다. 노동자들은 다치거나 연행됐고, 밤새 맨몸으로 추위를 견뎌야 했다.

공투 버스는 한광호 열사가 자결한 지 일주일 지난 뒤에 유성기업 영동공장을 방문했다. 유성기업지회 조합원들은 무거운 표정이었다. 어둡고 긴 터널을 터벅터벅 걸어가는 듯한 뒷모습은 침울했다. 공투 노동자들은 공장에 차린 분향소에 들러 향을 피웠다. 한광호 열사 영정 앞에서 이를 악물고 눈물을 훔쳤다. 유성기업에 짧게 머문 공투 버스는 영동을 벗어나 울산으로 향했다.

자본주의 위기가 심화할수록 박근혜 정권은 자본의 이해관계를 보장하고 권력을 유지하려고 수단과 방법을 가리지 않은 채 노동자들을 쥐어짰다. 가진 자들에게 민주노조란 치워 없애야 할 걸림돌이지 협상 상대가 아니었다. 그러나 노동자 민중도 만만치 않았다. 공투 버스에 탄 노동자들은 투쟁한 지 5년이 지나고 7년이 지나는데도 좀체 저항을 그만둘 기미를 안 보이는 이들이었다.

―

드디어 3박 4일간 전국 순회 투쟁이 시작됐다. 일정표는 빡빡했다. 첫 일정으로 유성기업 영동공장에 이어 경상북도 성주 이엠지EMG를 찍고 울산으로 갈 예정이었다. 금속노조 이엠지지회는 파업 중이었다. 2015년 여름에 설립된 노조는 협상을 벌여 임금 협약과 단체 협약을 체결하기로 했지만, 회사는 새 인물을 내세워 탄압을 시작했다. 2016년 3월에 들어서 회사는 부분 직장 폐쇄를 단행해 노동자들을 내쫓았다. 월 매출이 100억 원을 넘는 알짜배기 기업이지만 노동자는 주야 맞교대로 최저 임금만 받았다. 이 노동자 중 상당수가 다른 지역 출신이라 대부분 기숙사에서 지냈다. 쉬는 날 없이 일하다 보면 한 달에 한두 번 집에 가기도 어려울 때가 많았다. 인권 침해와 인격 모독이 일상이었다.

둘째 날 일정은 울산에서 시작했다. 새벽 5시 40분에 일어나 현대중공업으로 갔다. 현대중공업사내하청지회하고 함께하기로 한 출근 선전전 때문이었다. 조선업이 위기를 맞으면서 현대중공업도 위기라고 했다. 2015년 한 해 동안 5000여 명이 소리 소문도 없이 해고됐다. 쫓겨난 노동자들은 일용직 노동자가 돼 일자리를 찾아 울산에서 거제로, 통영으로 떠도는 날품팔이 신세가 됐다. 이어 울산과학대 청소 노동자, 부산 생탁과 택시 노동자, 만덕 지역 재개발 반대 주민들을 만났다. 부산광역시 교육청에서 단식 농성 중인 학교 비정규직 급식 노동자들도 만났다.

평균 연령 64세인 울산과학대 청소 노동자들은 투쟁 2년 차였다. 13년을 최저 임금만 받고 일하다 보니 빚만 2500만 원이 됐다. 왜 청소 노동자는 최저 임금만 받고 일해야 하느냐고 우리 사회에 질문을 던지기 시작했다. '청소 노동자=최저 임금'이라는 등식에 균열을 내는 중이었다.

대학교에 300억 원을 기부하면서도 자기가 운영하는 막걸리 공장에서 일하는 노동자들에게 밥 대신 고구마를 주는 사장이 있었다. 심지어 김치 한 조각도 안 줬다. 막걸리 '생탁'으로 유명한 부산합동양조 이야기다. 생탁은 직원 120명에 사장이 40명이었다. 사장 한 사람이 한 달에 가져가는 배당금은 2000만 원 정도였다. 노동자 세 명이 사장 한 명을 먹여 살리는 꼴인데도 사장들은 모두 한마음 한뜻으로 노조는 절대 용납할 수 없다고 했다.

사장들은 부산에서 가장 비싼 금싸라기 땅에 지은 아파트에서 떵떵거리며 살았지만, 노동자들이 사는 집은 재개발로 뜯겨 나갔다. 만덕동 주민은 대개 70~80대 노인이다. 평생 일해 집 한 채를 남겼는데, 한국토지주택공사는 이것마저 빼앗아 고층 아파트를 지어 이윤만 남기려 했다. 만덕동 주민들은 '내 집에서 살고 싶다'고 외치고 있었다.

최선은 아니어도 차선은 될 수 있는 전액관리제는 대중교통인 택시 현장에 전혀 적용되지 않았다. 정부는 기왕 있는 제도를 적극 활용하기보다는 훨씬 후퇴한 택시발전법을 만들어 노동자들을 괴롭혔다. 택시 노동자들은 사납금을 맞추려고 최저 임금조차 벌 수 없는 노예 노동에 시달렸다. 전액관리제 시행과 완전월급제를 목표로 투쟁할 때만 상황을 타파할 수 있다고 확신했다.

공투 버스를 탄 노동자들은 투쟁 현장에 갈 때마다 분노가 치밀었지만, 특히 밥하는 노동자들에게 밥값을 받겠다는 부산교육청에 가장 분노했다. 부산교육청 앞 경비실에서 바람에 펄럭이는 비닐을 지붕 삼아 빼빼 마른 한 여성이 아흐레째 단식 농성을 하고 있었다. 10여 년을 학교 급식실 조리 노동자로 살아온 사람이 밥을 끊은 이유는 하나였다. 부산광역시 교육청은 예산이 부족하다며 밥하는 노동자에게 밥값을 내라고 했다. 모범을 보여야 하는 공공 기관이 오히려 시대를 거스르고 있었다. 심지어 진보 교육감이 당선한 몇 안 되는 곳에서 말이다.

공투 노동자들은 부산교육청 지지 방문을 마친 뒤 즉석에서 교육청에 면담을 제안했다. 전국교직원노동조합 부산지부하고 연대해 작은 집회도 열었다. 재능이 넘치는 공투 노동자들은 〈비정규직 철폐 연대가〉에 맞춰 몸짓을 하면서 분위기를 달궜다. 틈틈이 교육감도 들으라며 구호도 외쳤다. 집회한 지 얼마 안 지나 마침내 면담을 했다.

공투 버스에 탄 장기 투쟁 사업장 노동자들은 도움이 절실한 비정규직 노동자들하고 연대하면서 자부심을 키웠다. 연대가 단순하게 설명할 수 없는 힘을 발휘한다는 사실을 몸으로 경험했다. 공투 버스는 자신감을 가득 안고 창원으로 향했다.

—

셋째 날 새벽, 공투 노동자들은 경상남도 창원시 창원공단에 있는 금속노조 한국산연지회를 찾았다. 일본 산켄 자본은 50여 년 전에 마산수출자유지역으로 들어왔다. 노동조합도 만들어진 지 50년이나 됐다. 전국노동조합협의회(전노협) 시절을 거치면서 비정규직 없는 사업장이라 할 만큼 탄탄하던 산연지회가 힘겨운 상황을 겪고 있었다. 원인을 알 수 없는 화재가 일어나자 회사는 사고 현장을 수습하는 대신 노동자들에게 해고를 통보했다. 오래전부터 예견된 일이었다. 회사는 생산 라인을 외주화하려 했고, 노조는 이런 시도를 저지하려 심혈을 기울였다. 지칠 줄 모르고 노동자를 공격하던 자본은 결국 공장 화재를 빌미로 모두 해고했다.

다음 목적지는 대구였다. 경북대학교병원에서 일하는 청소, 경비, 시설 관리 노동자들은 2000년대 초반만 해도 정규직 직군이었다. 그때는 정규직이 당연한 고용 형태였다. 그렇지만 아이엠에프 경제 위기를 핑계 삼아 신자유주의가 거세게 몰아치면서 공공 부문은 구조 조정이라는 수술대 위에 눕게 됐고, 수술 결과 일자리는 핵심 업무와 주변 업무로 갈라졌다. 청소, 경비, 시설 관리 등은 지원 부서라면서 구조 조정 대상이 됐다. 관련 업무가 차례차례 외주화가 되면서 노동자들은 비정규직으로 바뀌었다. 가랑비에 옷 젖는 모른 채 말이다.

경북대학교병원 주차 관리 노동자들을 만난 하이디스지회 노동자가 말했다.

"처음에는 버스에 탑승한 12개 투쟁 사업장이 가장 힘겹고 아픈 곳인 줄 알았는데, 다니면서 우리보다 더 낮은 곳에서 고통받는 노동자들이 많다는 사실을 알게 됐어요."

이런 말을 하는 노동자도 있었다.

"우리가 왜 공동 투쟁을 하자고 하는지도 이해하게 됐어요. 함께할 때만이 많은 노동자의 문제가 풀릴 수 있겠다는 희망이 보여요. 경북대학교병원 주차 관리 노동자들도 공동 투쟁에 함께해서 하루빨리 현장으로 돌아갑시다."

공투 버스는 더 낮은 곳을 향해 달렸다. 청주시립노인병원은 공공 병원이다. 청주시가 민간에 위탁하면서 공공 병원 기능이 훼손됐다. 수탁 기관이 바뀔 때마다 노동자들은 고용 불안에 시달렸다. 노조를 만들자 해고됐다. 그래서 싸우고 있었다. 수탁 기관으로 선정된 곳이 운영자 관련 문제가 불거지면서 운영을 포기한다는 기쁜 소식도 접했다. 그럼 청주시가 직접 운영해야 옳지 않을까? 기왕에 일하던 노동자들이 현장으로 복귀해야 청주시립노인병원이 공공 병원으로 자리매김할 수 있지 않을까? 청주시는 노동자들이 하는 말에 귀를 기울이지 않는다.

긴 싸움 속에서도 청주시립노인병원 권옥자 분회장은 힘이 펄펄 끓는다고 했다. 투쟁에 연대하는 시민들이 공투 버스가 온다는 소식을 듣고 달걀을 서른 판이나 내줬다. 투쟁 기금도 건넸다. 그렇게 싸우는 노동자들은 작은 일에도 기뻐하고 의미를 찾으며 자기가 싸워야 하는 이유를 해석하면서 싸우는 노동자들하고 연결됐다.

―

　다음 목적지는 충청남도 아산에 있는 금속노조 갑을오토텍지회 파업 현장이었다. 지난해 노조는 사측이 추진한 신종 파괴 시나리오를 막아 냈지만, 사측은 포기하지 않고 다시 노조 파괴를 시도했다. 밤 9시 30분 파업 출정식을 열고 모든 생산 라인을 중단시켰다. 공투 노동자들은 하이디스지회 윤 강사에게 15분 만에 〈진짜 사장이 나와라!〉를 완벽하게 배웠다. 갑을오토텍 공장 입구에서 파업 중인 노동자 600여 명을 앞에 두고 몸짓 공연을 하기로 했다.

　파업 노동자들은 눈빛이 반짝반짝 빛났다. 휴대폰을 보려고 고개를 떨구는 사람은 없었다. 모두 곧은 자세로 지도부 목소리에 귀를 기울였다. 결연한 파업의 기운이 느껴졌다. 공투 노동자들 차례가 됐다. 모두 앞으로 나가 몸짓 공연을 했다. 맨 앞줄에 하이디스지회가 섰다. 아사히글라스, 하이텍알씨디코리아, 콜트콜텍, 현대차비정규직, 동양시멘트, 세종호텔, 에스케이브로드밴드 등 공투 노동자들은 하이디스지회 노동자들만 바라보면서 열심히 따라 했다.

　셋째 날 밤이 무르익었다. 현안이 너무 많아 큰 그림, 큰 싸움을 그리기가 벅찼다. 공투 버스가 전국 투쟁 현장을 찾는다고 해서 노동자들에게 당장 도움이 될 리는 만무했다. 가는 곳마다 환영하고 반기고 웃는 얼굴로 맞는 이들이 있었다. 모두 투쟁하는 노동자들이었다. 이 사람들을 모아 큰 싸움을 만들어야 한다는 고민이 깊어지는 밤이었다. 공동 투쟁의 장이 더 크고 더 넓어져야 승리할 수 있다는 전망도 밝아질 테니까 말이다.

다음 날 공투 노동자들은 갑을오토텍 파업 현장에서 아침을 맞았다. 식당 조리원 조합원들이 당직을 선 확대 간부들과 공투 노동자들을 위해 김칫국을 끓였다. 모두 밥 한 그릇을 뚝딱했다. 이곳은 식당 조리원도 청소 노동자도 모두 정규직이라는 사실에 또 한 번 놀랐다. 비정규직이 만연한 세상에서 시설 관리나 경비 업무 외주화에 맞서 싸우다가 노조가 박살 나는 곳이 많았다. 그렇지만 금속노조에는 아직도 열두 척의 노조가 비정규직 없는 현장을 사수하려고 고군분투하고 있다는 사실을 새삼 깨달았다.

마지막 날, 공투 버스는 서울로 향했다. 서울에 도착해 하이텍알씨디코리아분회를 찾아갔다. 1989년 노조를 만들고 전노협 시절을 거쳐서 민주노총까지 29년을 질기게 살아 낸 노조다. 공투 버스가 공장에 도착한 때 노동자들은 공장 폐쇄에 맞서 공장 지붕 꼭대기에서 고공 농성을 하고 있었다. 남은 조합원은 일곱 명이었다. 겨울만 열 번을 농성장에서 보낸 기타 만드는 공장 노동자들이 있었다. 정작 기타를 만들 때는 기타 한 번 쳐 본 적 없지만, 10년 동안 투쟁하면서 기타를 치고 노래를 부르면서 투쟁 현장의 꽃이 된 콜트콜텍 노동자들이 새누리당 중앙 당사 앞에서 농성을 하고 있었다.

다음 행선지는 세종호텔이었다. 마침 점심시간이 됐다. 호텔 앞에서 짜장면을 시켰다. 탕수육도 추가했다. 음식이 올 때까지 공투 노동자들은 세종호텔 앞에서 피케팅을 했다. 세종호텔은 복수 노조를 만들어서 노조를 탄압했다. 민주노총 소속 조합원을 괴롭히고 해고했다. 겉만 번지르르할 뿐 경영진은 수준이 여인숙만 못해 보였다.

—

아사히지회는 전국을 돌아다니면서 참 많은 사장을 만났다. 하나같이 노동자 고혈을 빨아서 배를 채우는 흡혈귀 같았다. 노조라고 하면 무조건 깨겠다고 혈안이 됐다.

공투 버스 마지막 일정은 통신기술직공동투쟁단 발대식 참가였다. 희망연대노조 티브로드와 에스케이브로드밴드, 엘지유플러스, 씨엔엠 케이블방송 비정규직과 삼성전자서비스 등 간접 고용 노동자들이 원청을 상대로 싸움을 해 보자고 공동투쟁단을 만들었다. 행사 장소는 세종호텔에서 3분 거리였다.

이미 통신 기술 비정규직 노동자들은 노조를 만들면서 '진짜 사장이 나와라!'를 외치며 싸움을 해 왔다. 그 와중에 해고자도 늘었지만, 멈출 수 없었다. 제대로 뒤집기 한

판을 하겠다는 태세를 갖출 만한 규모였다. 전국에 흩어져 있는 통신 기술 노동자들이 진짜 사장을 상대로 제대로 싸워서 자기 권리와 노동자의 자존심을 지켜내면 좋겠다는 바람으로 공투 노동자들은 연대했다.

계획한 3박 4일 일정이 끝났지만, 노동자들은 바로 헤어질 수 없었다. 그때까지도 유성기업지회 노동자들은 서울시청 앞에 한광호 열사 분향소를 설치하지 못했다. 차디찬 날씨에 맨몸으로 한광호 열사 영정을 품에 안은 채 경찰에 맞서 버텼다. 노동자들은 서울시청으로 향했다. 날이 저물자 촛불을 들었다. 촛불에 시린 손을 대고 추위에 맞서 싸워야 했고, 도발하는 경찰에도 맞서 싸워야 했다.

3박 4일간 장기 투쟁 사업장 공투 전국 순회는 끝났다. 공투 버스에 탑승한 노동자들은 동고동락하며 함께 기뻐하고 아파하면서 함께 싸워서 함께 승리하자고 굳게 약속했다. 이제 헤어질 시간이었다. 공동 투쟁을 확대하자는 다짐과 한광호 열사 투쟁에 함께하자는 결의를 남기고 서로 손을 흔들었다.

대정부 요구인 '정리 해고 철폐! 비정규직 철폐! 민주노조 사수와 노동 탄압, 민생 파탄, 박근혜 정권 퇴진!'을 걸고 한 달에 한 번이라도 실천하려고 정부서울청사 앞에서 투쟁 집회를 열기로 했다. 정부청사 앞 집회는 만만치 않았다. 다행히 아사히글라스, 동양시멘트, 하이텍알씨디코리아, 하이디스, 콜트콜텍, 현대차비정규직, 세종호텔, 에스케이브로드밴드 등 여러 사업장 노동자들이 투쟁 대오를 만들었다. 그만큼 서울 경찰은 훨씬 더 많은 병력을 집결시켰다. 아사히지회는 구미에서 서울로 올라가 집회를 열 때마다 벌어지는 실랑이 속에서 싸움을 지속해야 할 이유를 하나둘 추가했다.

공동 투쟁을 하면서 공동 거점을 만들고 투쟁 본부가 돼야 한다는 문제의식이 생겼지만, 투쟁 역량은 여전히 부족했다. 아사히지회는 결국 구미공단 아사히글라스 공장을 벗어나 서울 상경을 결정했다. 서울에 본사는 없지만, 아사히글라스를 대신해 칼춤을 추고 있는 김앤장법률사무소를 찾아 나서기로 했다. 조합원들이 서울에서 집회에 참여하는 수준을 넘어 먹고 자면서 투쟁을 이어 가는 일은 쉽지 않았다.

그렇지만 김앤장은 사소한 문제로 고소 고발을 진행해 아사히지회를 법정에 세웠다. 재판으로 시간 끌기를 하며 아사히지회를 조롱하는 김앤장을 혼내 주고 싶은 마음이 컸다. 공장 앞 천막 농성장은 최소 인원만 남겨 뒀다. 큰 판에서 투쟁해 보자는 차헌호의 열망이 실현된 셈이었다.

―

김앤장은 대형 로펌이다. 자본은 노동자를 착취해서 이윤을 만든다. 노조는 그런 자본에 저항하는 집단인 만큼 자본은 법과 국가 공권력을 총동원해 노조를 파괴하려 든다. 김앤장 같은 대형 로펌은 기꺼이 자본의 호위 무사를 자처한다. 아사히글라스도 김앤장을 이용해 온갖 편법과 불법을 합법으로 둔갑시켜 아사히지회를 겁박하려 들었다. 아사히지회의 힘만으로 상대할 수 있는 적수가 아니었다. 아사히지회는 처지가 비슷한 투쟁 사업장들인 동양시멘트, 하이텍알씨디코리아, 하이디스, 콜트콜텍, 현대차비정규직, 세종호텔 등하고 함께 자본가를 대리한 노조 파괴 전문가인 김앤장이 저지른 행태를 사회적으로 고발하기로 정했다.

"김앤장법률사무소는 간판이 없어요. 서울의 수많은 건물은 자기 사무실을 알리려고 눈에 띄는 자리마다 간판으로 도배를 해 대는데, 김앤장은 없더라고요. 그러다 김앤장 사무실을 찾았는데, 덩치 큰 경비들이 대거 나온 거죠."

공투가 김앤장 앞에서 선전전을 시작했다. 경찰들이 소음 측정기를 들이대면서 선전전을 하지 못하게 방해했다. '김앤장 규탄 문화제'를 하면 방패를 든 경찰들이 등장해 문화제에 참가한 노동자들을 에워쌌다. 감금이나 다름없었다. 경찰이 문화제를 방해하는 바람에 몇 번이나 중단되기도 했다. 노동자들도 악착같이 싸우며 집회와 시위의 자유를 따지자 경찰들도 한발 물러났고, 다시 문화제를 열 수 있었다.

서울 경찰은 구미 경찰하고 달랐다. 공투가 정부서울청

사 앞에 공동 거점으로 천막 농성장을 설치하려 했지만, 노동자 수보다 몇십 배는 더 많은 경찰을 당할 재간이 없었다. 천막은 두 번이나 부서지고 찢어졌다.

그러다 '최순실 게이트'가 터졌다. 박근혜 정권 퇴진 요구가 봇물 터지듯 쏟아지기 시작했다. 정세가 돌변했다. 공투는 투쟁 사업장 공동 투쟁이 투쟁 사업장에 한정된 문제만이 아니기 때문에 노동자 전체의 요구를 걸고 싸워야 하는 상황이라고 의논했다. 천막 농성장 대신 비닐 몇 장만 깔고 덮은 채 정부서울청사 앞에서 노숙을 시작했다. 느닷없이 비가 내려서 비를 가리려 하자 경찰들이 달려들어 비닐마저 빼앗아 갔다. 잠도 못 자고 싸워야 했다. 가을 끝 무렵 제법 쌀쌀해진 날씨에 비까지 맞으며 하는 노숙 농성은 쉽지 않았다. 인정머리 없는 서울 경찰에 맞서서 악착같이 싸웠다. 결국 비닐 한 장을 지붕 삼아 2016년 11월 1일 '투쟁 사업장 공동투쟁'이 시국 농성을 시작했다.

공투 노동자들은 시국 농성을 하면서 '박근혜 정권 퇴진'이라고 적은 몸자보를 맞췄다. 영하 8도 한파를 견디며 매일 청와대를 향해 행진했다. 경찰은 불법 집회라며 길을 막았다. 몸자보를 벗어야 길을 열어 주겠다고 했고, 몸자보를 벗지 않으면 연행했다. 박근혜 정권 퇴진 촛불은 점점 뜨겁고 커졌다. '투쟁 사업장 공동투쟁'은 박근혜 정권으로 대표되는 총자본을 무너트리는 거대한 정세에 성공적으로 합류해야 한다고 생각했다. 그러나 박근혜 정권 퇴진이 싸움의 끝은 아니었다. 노동자 계급에게 시급한 현안인 '정리 해고 철폐! 비정규직 철폐! 노동3권 완전 보장!'을 걸고 함께 싸워서 함께 승리하겠다는 의지가 충만했다.

—

 시민들이 대대적인 항쟁을 벌인 끝에 박근혜 정권은 무너졌고, 한국 사회는 2017년 5월 벚꽃 대선을 맞았다. 민주당 집권이 거의 확실했다. 정권이 바뀐다고 해서 노동자들 삶이 나아지리라 기대하기는 어려웠다. 투쟁은 새로운 국면을 맞았다.
 "여섯 개 사업장에서 한 명씩 올라가자고 했고, 우리도 어떻게 할지 의논했어요. 문제는 누가 올라갈 거냐인데요. 누군가를 막 찍어서 올라가라고 강요할 수는 없잖아요. 회의에서 네가 올라가면 좋겠다고 말할 수 없잖아요. 그렇지만 투쟁하는 것에는 모두 동의했죠. 그래서 그냥 열어 놓고 이야기를 했어요. 저는 그때까지만 해도 아무도 없으면 제가 다 해야 한다고 생각하고 있었는데, 오수일 부지회장이 하겠다고 나선 거죠. 나는 고민 없이 그냥 했어요."
 조합원이 22명 남은 때 오수일은 부지회장으로 선출됐다. 박근혜 정권이 탄핵되고 한국 사회가 벚꽃 대선을 준비할 때쯤, 차헌호는 새로운 국면을 열 투쟁을 계획했다. 조합원들은 서울 상경 투쟁을 할 때마다 3박 4일, 4박 5일씩 집을 비워야 했다. 일주일 동안 한 번도 내려가지 못하고 농성장을 지켜야 할 때도 있었는데, 거기에서 크고 작은 싸움이 매일 벌어졌다.

수개월 이어진 촛불 정국 동안 서울과 구미를 오간 아사히지회는 새로운 국면에서 고강도 투쟁을 결의하기가 쉽지 않았다. 그렇지만 세상을 뒤흔드는 커다란 소용돌이 한복판을 이미 건너온 만큼 멈추면 안 된다는 사실쯤은 알고 있었다. 차헌호는 전체 노동 운동이 전진해야 자기 투쟁도 전진할 수 있다는 확고한 신념을 다졌다.

"저는 해야 한다고 생각했어요. 예를 들어 이걸 안 하고 다른 걸 하면 효과적일까 싶었죠. 우리끼리 모여서 공장 앞에서 피켓을 들고 있으면 의미가 있나, 뭐 이런 생각도 했고요. 특히 저희 투쟁 같은 경우 전체 비정규직 투쟁, 다른 투쟁 사업장이나 전체 운동이 전진해야 저희도 일부분 전진할 수 있다고 여겼어요. 제가 노조를 처음 시작할 때부터 그렇게 했기 때문에 밖으로 나갔다는 말이에요. 안 그러면 밖으로 나갈 일이 없죠. '전체 분위기를 타면 우리도 같이 분위기를 타고 우리 것도 열린다. 지엠비정규직지회가 이기고 딴 데가 이기면 우리도 유리해진다' 같은 말이 저는 분명하다고 생각해요."

전체 노동자의 요구를 걸고 운동을 전진시킬 때 자기 사업장 문제도 해결할 수 있다는 굳은 믿음 아래 공투는 더 큰 역사를 만들기로 했다.

살과 뼈를 태우는 27일

"유리관에 앉아 있는 느낌이었어요."

광화문 거리에 비가 부슬부슬 내리고 있었다. 남기웅은 광화문 일대를 서성거리며 약속 시간을 기다렸다. 2017년 4월 14일, 여섯 사람이 건물 꼭대기에 무사히 올라가 있다는 연락을 받고 남기웅하고 함께 주변을 서성이던 사람들은 약속된 장소로 모여들기 시작했다. 여섯 사람이 올라간 건물 아래로 모였다. 아사히지회는 말할 것도 없고 여러 투쟁 사업장 노동자들이 모여 '비정규직 철폐, 정리 해고 분쇄, 노동 3권 완전 쟁취!'를 걸고 대정부 투쟁을 선포하는 기자 회견을 열었다. 광화문이 훤히 보이는 10층 건물 꼭대기로 올라간 노동자 여섯 명은 세종호텔 고진수, 동양시멘트 김경래, 하이텍알씨디코리아 김혜진, 아사히글라스 오수일, 콜트콜텍 이인근, 현대자동차비정규직 장재영이었다. 고공 농성이 시작됐다. 삭발하고 곡기까지 끊었다. 물과 소금만 먹는 단식이었다. 대정부 투쟁을 하겠다는 굳은 의지를 내비쳤다. 고공 농성장 아래 남기웅이 있는 곳은 경찰들이 들이닥쳐서 아수라장이 됐다.

"첫날은 엄청난 악몽이었어요. 경찰들하고 엄청 붙었던 것 같아요."

투쟁 사업장 노동자들은 기자 회견을 하고 고공 농성을 엄호하기 위해 거점 농성에 돌입했다. 고공 농성에 돌입한 여섯 명에게 경찰이 접근하지 못하도록 공투 노동자들은 온몸을 던져 몸싸움을 벌였다. 고공 농성장에 물과 필요한 물품을 올리려 할 때마다 방해가 심했다. 경찰은 집회 대오를 둘러싸고 깔판 한 장, 비닐 한 장도 안으로 들이지 못하게 막았다. 경찰들하고 싸우다 보면 깜깜한 밤이 됐고, 남기웅과 노동자들은 깔 자리 하나 없는 길바닥에서 찬 서리를 맞으며 뜬눈으로 밤을 지새워야 했다.

"침낭 하나조차도 이 구역에 들어가는 것 가지고 엄청나게 싸웠어요. 진짜 피로가 엄청 쌓이더라고요. 정신없이 대치하고 붙고 막 싸우다가 하루가 막 지나고 나니까 고공을 하는구나 딱 실감이 나요."

여섯 명이 고공 단식 농성을 시작하면서 지상에서도 여섯 명을 지키기 위해 고공 사수 거점 농성에 돌입했다. 아사히지회는 공장 앞 천막 농성장을 지킬 최소 인원만 구미에 남겨 두고 15명 이상이 서울로 와 대정부 투쟁에 결합했다. 남기웅은 선전팀에서 활동했다. 낮에는 경찰들에 맞서 싸우고, 밤에는 사진과 영상 촬영분을 편집해 동영상으로 만들고 소식지를 작업하느라 잠잘 시간이 늘 부족했다.

"제가 그때 엘지 휴대폰을 들고 영상을 찍었거든요. 그런데 경찰들하고 한판 붙어서 휴대폰이 부서진 거예요. 당장 영상을 찍어야 하니까 휴대폰을 바꾸러 대리점에 갔어요. 그때 갤럭시 에스8이 나왔을 때라 그걸로 바꿔서 왔는데, 또 경찰하고 붙어서 하루 만에 액정이 깨졌어요. 그때 경찰한테 얼마나 열받았는지 몰라요."

경찰들은 사진이나 영상도 촬영하지 못하게 할 기세였고, 노동자들을 몰아붙이며 폭력을 행사했다. 밤낮을 가리지 않고 고공 농성장으로 진입해서 올라갔다. 아래에서 위로 물품을 올려 주는 일도 가로막았다. 거리에 선 노동자들에게 앉을 자리를 허락하지 않겠다는 뜻이었다. 쉽게 물러설 수 없는 노동자들도 침낭 하나를 넣으려고 밤을 지새우며 싸웠다. 송동주는 고공 농성에 단식 투쟁까지 하면서 정부를 상대로 싸우게 되리라고는 상상하지 못했다.

"침낭을 올려 보내려고 막 싸웠어요. 사나흘은 매일 싸웠던 것 같아요. 첫날하고 이튿날은 아무것도 없이 보냈고, 사흘째부터 침낭을 깔았던 것 같은데 힘들었어요."

송동주는 아사히지회에서 오수일 혼자만 올려 보낸 일이 못내 마음에 걸렸다. 건물 꼭대기에서 굶고 있는 사람들이 걱정돼 마음이 복잡하고 힘들었다. 고공 농성장을 벗어나면 불안했다. 다른 조합원들도 마찬가지 심정이라 고공에 올라간 동지들을 지키고 싶어서 치열하게 싸웠다.

"우리처럼 비정규직들이 많았잖아요. 비정규직, 해고, 불법 파견, 차별 이런 내용을 포괄적으로 담을 수 있는 게 '비정규직 철폐'라고 생각했어요. 비정규직이 사라지면 좋은 것 아닌가 하고 막연하게 여겼던 것 같아요. 정권이 바뀌어 비정규직을 없애려고 행정적인 조치와 제도가 마련되면 솔직히 비정규직 없어질 수 있지 않을까? 완전히 없애지는 못해도 줄어들지는 않을까? 그렇게 생각했죠. 그러기 위해서는 정부에 요구해야 하는데, 한 개 사업장의 투쟁만으로는 어려우니까 다 같이 목소리를 내고 행동하면서 더 잘되지 않을까, 더 확대되지 않을까 싶었던 것 같아요."

먼저 건물 꼭대기에 올라가 고공 농성을 시작한 오수일도 첫날은 건물로 진입해서 올라오는 경찰들을 상대로 정신없이 싸웠다. 아래에 모여 있는 노동자들도 경찰들이 건물로 진입하지 못하게 막고 싸웠다. 그리고 건물 위로 물품을 올려 보내려고 싸웠다. 고공 농성을 시작한 노동자 여섯 명은 건물 꼭대기에서 날마다 경찰들에 맞서 치고받고 싸우는 동지들을 하염없이 내려다보고 있었다. 경찰이 휘두르는 무지막지한 폭력에 침낭 하나 제때 받지 못해서 새벽에는 살을 에는 추위에 떨고 한낮에는 뜨거운 태양광을 맞으며 날로 검게 그을리는데도 자기를 지켜 주는 동지들을 바라보면서 남몰래 눈물을 훔쳤다.

"진짜 가슴이 뭉클해지면서 눈물을 흘린 적이 있었어요. 고공 할 때 저희 동지들이 저더러 되게 고마웠다고 하더라고요. 그런데 저는 위에서 아래를 내려다보면서 정말 치열하게 싸우는 그들을 보고 감동했어요. 어지간한 사람도 경찰을 보면 겁이 나서 도망가고 싶을 텐데 그걸 악착같이 지키는 걸 보는데, 우리 관계는 가벼운 관계가 아니다, 그리고 굉장히 잘해야 하는 관계다 싶더라고요. 누군가가 나를 지켜 준다는 게 좀 뭉클해서 눈물이 났어요. 고맙기도 했죠. 찡했죠."

매일 같이 치열한 전투 끝에 드디어 경찰이 한발 물러섰다. 물품을 들일 수 있게 됐고, 비를 피할 천막도 마련했다. 침낭이 생겨 한밤중 한기를 면할 수 있게 됐다. 아사히지회는 상경한 전원이 자리를 지켰다. 고공 단식 농성 날짜가 늘어나는 만큼 피로도 쌓였지만, 투쟁 사업장 노동자들이 광화문에서 고공 단식 농성을 한다는 소식이 알려지면서 찾아오는 이들이 늘었다. 밥을 지어서 연대하는 이들도 있었다.

'투쟁 사업장 공동투쟁'의 공동 대표 차헌호는 지상에 진행한 거점 농성을 총괄했고, 김혜진은 고공 농성을 맡았다. 차헌호는 대응팀을 꾸렸다. 비정규직 철폐, 정리 해고 철폐, 노동 기본권 쟁취를 위한 대정부 고공 단식 투쟁 소식을 들은 민주노총과 금속노조에서는 조직 담당자들을 현장에 보내 대응팀에 참여시켰다.

"매일 아침 8시에 회의를 했어요."

박근혜가 탄핵되자 광화문을 밝히던 촛불은 멈췄다. 사람들은 세상이 바뀌리라고 기대했지만 해고자는 현장으로 돌아가지 못했다. 비정규직 노동자들은 여전히 권리를 잃은 상태였다. 대선을 치러 대통령이 바뀌더라도 노동자들의 삶이 나아진다고 장담할 수 없었다. 고공 단식 농성을 이어 가던 노동자들은 선거로 삶이 나아질 수 없다는 현실을 빤히 알았다. 온전한 노동자 권리를 쟁취하려면 민주노총이 대선에만 매달리는 대신에 전체 노동자의 요구를 걸고 총파업을 해야 한다고 주장했다. 더 나아가 민주노총이 주도하는 총파업 본부를 지역마다 설치하고 노동자가 내건 요구를 관철시키는 파업을 조직해야 한다고 요구했다.

"엄청 피곤했어요. 27일 동안 집에 한 번도 안 갔어요. 아니다. 한 번 갔다. 아사히지회 후원 호프가 있어서 중간에 딱 한 번 내려갔어요. 한 달 만에 차 시동을 거니까 연기가 나더라고요. 그래서 폐차했어요."

지상 농성을 총괄 지휘한 차헌호가 한 말이다. 공동 투쟁을 한다고 서울에서 살다시피 해 한 달 넘게 방치한 차는 폐차했다. 당장 차를 살 형편이 안 됐다. 서울에서는 지하철을 이용하거나 도보로 이동해 투쟁하는 데 지장이 없었지만, 구미만 내려오면 여간 불편하지 않았다. 형편이야 안타깝지만 어쩔 도리가 없었다. 그런데 평소에 무뚝뚝하고 냉정하게만 느껴지던 박성철이 자기가 타던 차를 차헌호에게 선뜻 내줬다. 때마침 집에서 차를 바꿀 계획이었고, 중고찻값이라도 보태야 하겠지만, 누구보다 아사히지회 일을 도맡아 하고 있던 차헌호가 차 없이 절절매는 모습을 박성철은 두고 볼 수 없는 노릇이었다. 찻값은 한 푼 받을 생각도 없었고, 다른 이에게 말하지도 않았다. 지금 차헌호가 운전하는 차를 박성철이 준 사실은 그러고도 한참 지난 뒤에 어느 집회 현장에서 차헌호가 마이크를 잡고 아사히지회 관련 미담을 들려줄 때 알게 됐다. 고공 단식 농성장 지상 대응팀은 적을 때는 30명, 많을 때는 100여 명으로 날마다 광화문 일대에서 '비정규직 없는 세상을 만들자'

고 행진하며 외쳤다. 대부분 정리 해고로 공장에서 쫓겨난 노동자였다. 비정규직으로 일하다 노조를 만들어서 쫓겨난 노동자도 있었다. 노동 기본권이 온전하게 주어지지 않는 현실에서 대통령이 바뀐다 한들 세상은 쉽게 달라지지 않을 듯해서 선거 말고 투쟁을 하려고 직접 나섰다.

"저희 실력보다 훨씬 많은 걸 했다고 생각해요. 저희 실력은 얼마 안 되잖아요. 거기다 지회장이 결의하고 연행되고 책임지는 건 당연한 건데, 부지회장이 무겁게 책임진 거잖아요. 실제로 단식하니까 하루하루 몰골이 말이 아니더라고요. 다리가 막 새 다리처럼 가늘어지는 게 눈에 보이잖아요. 이게 느낌이 다른 거죠."

차헌호도 고공·단식 농성하는 이들을 놔두고 자리를 비울 수 없었다. 모두 삶이 고공 단식 농성장을 중심으로 돌아갔다. 집을 떠나 서울 한복판에서 거리 농성을 하는 이들에게도 쉬운 상황은 아니었다. 정부를 상대로 하는 싸움이라지만 현실은 건물 꼭대기에서 하루하루 뼈와 살을 태우며 말라 가고 있는 동지를 쳐다보며 발만 동동 구르고 있을 뿐이었다. 차헌호가 밝힌 소회다.

"우리 요구와 성과는 애초에 알고 있었죠. 기본적으로 우리 요구를 누가 받아 주고 할 수 있는 게 아니잖아요. 단지 여러 요구를, 계급적 요구를 걸고 싸웠는데, 그 속에 투쟁하는 노동자인 바로 우리가 있다는 자체가 만족할 수 있었죠. 우리 스스로 자신감도 생기고 신뢰도 굉장히 높아져서 자부심이 커졌던 것 같아요."

오수일은 10층 건물 꼭대기에서 하루하루 말라 가고 있었다. 당선이 유력한 대통령 후보 문재인은 광화문 일대에서 선거 유세를 하면서도 고공 단식 농성장에는 눈길 한 번 주지 않았다. 오수일은 그때 가장 큰 분노를 느꼈다고 했다.

"진짜 박근혜 탄핵 되고 나서 얼떨결에 (문재인이) 운 좋게 유력한 대선 후보가 됐잖아요. 그런데 그 사람도 저희가 생각하던 것과 별반 다르지 않았어요. 진짜 희망이 안 보여서 힘이 팍팍 빠지는 느낌을 받았어요."

대선 후보들이 광화문 일대에 모습을 드러낼 때면 공투는 전체 노동자들의 요구를 걸고 적극적으로 선전전을 했지만, 어느 대선 후보도 노동자들 목소리에 귀 기울이지 않았다. 고공 단식 농성장에 발길을 옮기는 이는 더더욱 없었다. 그렇지만 기대가 없으니 실망도 없었다. 대정부 투쟁을 하는 목적은 정치인들에게 관심을 받는 데 있지 않았으니까. 당장 손에 잡히는 결과가 안 나타나더라도 노동자들이 개별 문제만 연연하지 않고 노동자 계급을 감각하고 집단이 지닌 힘이 얼마나 위대한지 알게 되는 일이 중요했다. 공동 투쟁이 거둘 결실은 노동자의 삶을 변화시키려고 스스로 정치를 할 수 있을 만큼 성숙해지는 노동자 계급이 되는 과정이 아니었을까.

남기웅도 여섯 노동자가 고공 단식 농성을 하는 27일

동안 딱 하루 구미를 다녀왔다. 아사히지회가 생계비를 마련하려고 연 후원 주점 때문이었다. 조합원 생계비를 마련해야 하는 아사회지회가 훨씬 전부터 계획한 일이었다. 남기웅은 후원 주점을 마치고 잠시 쉴 틈도 없이 서울로 올라왔다. 선전팀 인원이 줄어들어 자리를 오래 비울 수 없는 처지였다. 남기웅은 차헌호하고 함께 케이티엑스를 타고 서울로 올라가는 도중에 이런 생각이 들었다.

"그때 제가 처음으로 노동자 계급에 관해 생각했어요. 뭔가 쟁취하려면 엄청나게 힘들구나. 우리가 가진 힘은 너무 적은데 대정부 투쟁을 하는 게 맞나 싶기도 하고요. 오히려 민주노총이 해야 할 일을 우리가 너무 앞장서서 하다 보니까 부족한 게 많다고 느꼈어요. 대오라든지, 실무라든지, 여러 가지 능력이 부족한 게 느껴졌어요. 과연 이게 될까 하는 생각도 들었고요. 그래도 맡은 바는 책임감을 가지고 해야 한다고 저는 봐요."

민주노총과 산별노조는 고공 단식 투쟁에 돌입한 노동자들이 총파업 본부를 구성하자고 제안하는데도 받아들이지 않았다. 고공 단식 농성을 하면서 살과 뼈를 태운 27일 동안 고진수, 김경래, 김혜진, 오수일, 이인근, 장재영은 점점 앙상해져서 쓰러지기 일보 직전까지 갔다. 시간을 더 끌 수 없었다. 문재인이 대통령에 당선하고 취임한 2017년 5월 10일, 노동자들도 고공 단식 농성을 해단하고 녹색병원으로 옮겼다.

녹색병원에 입원한 노동자 여섯 명이 회복하는 동안 나머지 공투 노동자들은 다음 단계 대정부 투쟁을 고민했다.

"문재인 대통령하고 대화했을 때인데요. 사람이 먼저다, 노동이 존중받는 세상이라면서 엄청 많은 이야기를 했었죠. 대통령에 당선되고 서민들과 치맥이나 만찬 같은 걸 하니까 우리도 직접 만나서 대화하자고 찾아갔던 거예요."

투쟁 사업장에 관련된 현안은 아무것도 해결되지 않았다. 공투는 대정부 투쟁으로 내건 '비정규직 철폐, 정리 해고 분쇄, 노동3권 완전 쟁취!'가 정권 이양기에 겹쳐 사그라지지 않게 조금 더 수준 높은 투쟁을 해야 한다고 의견을 모았다.

"박근혜 정부 때 경찰들의 폭력 진압과 과잉 진압이 심각했잖아요. 나는 정권이 바뀌었으니까 박근혜나 새누리당보다는 나을 거로 생각했는데, 똑같더라고요."

남기웅에게 청와대로 가는 길은 험난했다. 아니 청와대로 건너가지 못하고 분수대 앞에서 막혔다. 그때 노동당이 청와대 입구에서 100미터 떨어진 곳에 겨우 집회 신고를 냈다. 그곳에 공투 노동자들도 자리를 잡았다. 그러나 경찰은 바닥에 까는 비닐 한 장도 허락하지 않았다. 비를 가리려고 비닐 한 장 덮으려 해도 경찰이 득달같이 달려들어서 밤새도록 싸워야 했다. 겨우 노동자 30명 정도가 직접 청와대로 가서 대통령을 만나 노동자들 요구를 전달하겠다고 싸우고 있었다.

"어렵지만 마지막까지 있는 힘을 다 쏟아서 청와대로 투쟁을 배치했어요. 쏟아 놓고 보니까 저는 개인적으로 이때가 더 힘들었어요."

차헌호는 고공 단식 농성보다 수준을 떨어트릴 수는 없다고 생각해서 싸움을 청와대로 전진 배치했다. 대정부 투쟁 요구는 여전히 유효했고, 문재인 대통령을 직접 만나 요구를 전달하겠다고 주장했다. 정권이 바뀐 뒤 청와대 앞에서 처음으로 시작한 거리 농성이었다.

"17일 동안 청와대 앞에 있었는데, 나는 유리관에 앉아 있는 느낌이었어요. 17일 동안 24시간 내내 유리관 밖으로 나가지 않은 채 거기서 먹고 잤어요. 대표라는 이름으로 그렇게 투쟁했어요."

대정부 투쟁을 하는 노동자들은 적진을 코앞에 두고 있었다. 청와대를 향해 한 발씩 전진할 때마다 경찰들하고 격전이 벌어졌다. 고공 단식 농성장 아래에서는 사나흘이 지난 뒤 타협점을 찾아 농성 거점을 마련할 수 있었지만, 청와대 앞에서 농성하는 17일 동안 경찰은 단 하루도 양보하지 않았다. 경찰에 견주면 노동자들은 수적으로 훨씬 열세였다. 경찰들이 저지르는 인권 유린은 도를 넘었다. 청와대에서 만난 경찰은 몇 배나 더 악랄했다. 노동자들은 청와대 가는 길목에서 비가 오면 비를 맞으며 밥을 먹고 잠을 잤다. 경찰은 지치지 않고 노동자들을 가로막고 방해했지만, 노동자들은 오랜 야전 생활에 이미 지친 상태였다.

그래도 문재인 대통령에게 노동자의 요구를 직접 전달하겠다는 뜻을 굽힐 수 없었다.

"청와대에서 (비서관이) 우리의 요구안을 전달하겠다고 했지만, 우리는 직접 (대통령에게) 전달하겠다고 했죠. 저희 요구를 저들이 모르는 게 아니잖아요. 그래서 우리 손으로 직접 전달하지 않으면 안 하는 걸로 정리하고 우리도 투쟁을 마무리했어요."

문재인 대통령은 서민들을 만나 치킨과 맥주를 먹으면서 언제든지 대화하겠다고 했지만, 정작 청와대까지 찾아온 손님을 환대하지는 않았다. 노동자를 문전박대하는 모습은 그전 정부하고 다르지 않았다. 한국 사회에서 심각한 문제로 대두된 비정규직, 노동자 해고, 노동 기본권 문제에 대통령은 침묵으로 일관했다. 아니, 오히려 공권력을 앞세웠다. 민주당 정권이 집권 5년 동안 어떤 노동 정책을 펼칠지 충분히 예상할 수 있었다.

"청와대 투쟁 끝나고 나서 우리 사건이 검찰 기소가 될 시기가 된 거죠."

6년 만에 받은 협상안

"저희는 22명 전체 고용이 기본입니다."

6년 만이었다. 아사히글라스가 아사히지회를 만나고 싶다고 연락했다. 엉뚱하게도 아사히글라스의 법정 대리인이 된 법무법인 태평양 소속 변호사가 민주노총 법률원 소속 변호사에게 연락했다. 민주노총 법률원이 매개자가 돼 금속노조 법률원에 이 사실을 알렸다. 법적 공방을 한창 벌이고 있는 때였다.

왜 이렇게 복잡한 과정을 거쳐서 어렵게 만나자고 하는지 이해하기 어려웠지만, 어쨌든 돌아 돌아 아사히지회 법정 대리인인 금속노조 법률원 변호사가 차헌호에게 이 사실을 알렸다. 차헌호는 의아했다. 아사히글라스는 지난 6년간 노조가 하는 주장을 무시했다. 뜻밖이었다. 특별히 교섭이라는 의미를 부여하지는 않더라도 한번 만나서 아사히글라스가 하는 주장을 확인하고 싶었다.

2021년 2월 23일, 서울역 근처 으리으리한 호텔 회의실에서 상견례를 했다. 아사히글라스 법정 대리인 태평양 변호사와 민주노총 법률원 변호사, 금속노조 법률원 담당자, 아사히지회 차헌호와 오수일이 참석했다.

"첫 만남을 갖고 나서 조합원들이랑 회의했어요. 일단 임원들이 먼저 의논하고 확대 간부 회의를 열었죠. 그리고 전체 조합원이 다 모인 자리에서 사측이 어떻게 나올지 예상하는 시나리오를 몇 가지 짜서 토론했어요. 어떤 시나리오든 전 조합원이 다 같이 공장에 들어가야 한다는 건 변함이 없었어요. 저희는 2016년 총회에서 사측이 누구는 안 된다고 배제하더라도 전체 다 같이 들어가자는 원칙을 세웠어요. 노조를 인정해야 한다는 것도요. 그게 일단 받아들여지면 이후에 교섭이 가능하다는 내용을 정해 놓았어요. 이번에 다시 확인한 거죠."

오수일은 늘 함께 생활하던 투쟁팀 조합원들하고 회의를 마친 뒤 생계 때문에 벌이에 뛰어든 생계팀 조합원들을 농성장에서 만났다. 생계팀이란 투쟁이 길어지면서 겪게 되는 생활고를 해결하려고 벌이를 책임지는 사람들을 말한다. 아사히지회는 생계팀도 투쟁에 빠지지 않고 함께할 방안을 궁리했다. 매주 토요일 천막 농성장에서 철야 농성 당번을 선 뒤 일요일 낮까지 농성장을 책임지기로 했다. 생계팀은 소득 중 일정 금액을 투쟁 기금으로 냈다. 투쟁을 시작한 지 1년쯤 지난 무렵에 한두 명이던 생계팀은 투쟁이 장장 9년이 돼 갈 즈음에는 8명까지 늘었다. 생계팀으로 일하다가 농성팀으로 돌아온 이도 있지만, 생계팀은 비정규직 노동자로 팍팍하게 살면서도 투쟁은 함께 끝내겠다는 의지로 천막 농성장을 지켰다.

"사실 생계팀이 제일 걱정스러웠어요. 아무래도 저희하고 같이 생활하는 시간이 적다 보니까 조금 다른 생각을 하지 않을까 싶죠. 토요일 밤에 천막 농성장에서 생계팀을 직접 만나서 이야기를 나눴어요. 저희가 처음 만들어 놓은 원칙에 모두 찬성하더라고요. 다 같이 들어가야 한다는 입장이었죠. 그래서 수월하게 그냥 넘어갔던 것 같아요."

아사히글라스의 법정 대리인인 태평양을 처음 만난 자리는 상견례 같은 형식적인 절차였다. 아사히지회는 아사히글라스 쪽 주장을 확인하려고 3월 초에 다시 만나기도 했다. 아사히지회는 공식 교섭이라는 의미를 부여하지 않고 회사 쪽 제안만 확인할 생각이었지만, 아사히글라스는 구미 공장 대표로 김재근 이사를 내보냈다. 달갑지 않은 출현이었다. 김 이사는 자리에 앉자마자 회사 안을 내놓고 이야기하기 시작했다.

"모두 정규직으로 고용하겠습니다. 다만 지회장은 고용이 어렵습니다. 고용하지 않는 대신 위로금을 3억 4000만 원 지급하겠습니다. 신규 채용 하는 조합원에게는 1인당 9200만 원을 지급하고, 민주노총과 금속노조에 발전 기금을 내겠습니다."

이사가 하는 말을 듣고 있던 차헌호가 한마디 했다.

"일단 다 접어 두고 지난 7년간 해고돼서 이렇게 길거리에서 생활하는 사람들한테 최소한 미안하다고 사과부터 하고 말을 꺼내야 하는 거 아닙니까?"

차헌호는 당장 사과부터 하라고 요구했다. 따끔한 질책을 받은 김 이사는 협상이 성사되면 회사가 성명을 발표할 예정이라며 말끝을 얼버무렸다. 차헌호는 이사가 늘어놓는 변명을 일축하며 사과하라고 호통쳤다. 이사는 끝내 사과하지 않았다. 오히려 회사 쪽 안을 설명하느라 급급했다. 노조하고 열어 놓고 대화하기를 원한다고 말꼬리를 흐렸다. 그때 오수일이 나섰다.

"전원 복직이 가능합니까?"

"그건 아닙니다. 아사히글라스에서는 차헌호 지회장을 부담스러워합니다."

"그러면 전원 복직 아닌데 보상 이야기는 왜 합니까?"

"지회장이 아닌 다른 조합원 중에 복직을 원하지 않고 보상을 받겠다고 하면, 노조가 인정하고 열어 주면 우리는 언제든지 최대한 맞출 생각입니다."

간단하게 서로 주장만 주고받은 짧은 만남은 그렇게 끝났다.

"우리는 전원 복직이 아니면 회사 안을 받을 수 없다고 하고 자리를 박차고 나왔어요. 더 이야기할 필요가 없잖아요. 거기서 끝내고 나왔습니다."

오수일은 조합원들하고 의논한 대로 회사 주장을 확인하자 아사히지회 주장을 전달하고 자리에서 일어났다.

"우리도 해고되고 나서 2~3년 동안 아사히글라스를 만나려고 노력했어요. 일부러 구미시도 끌어들여 노사민정협의회를 만들어 나가기도 하고요. 그 자리에 나가 보면 노동부가 참관한다고 앉아 있는데도, 구미시가 대 놓고 돈 받고 정리하면 안 되냐고 말하고, 한국노총도 그런 식으로 함부로 말했어요. 그때도 아사히글라스는 우리하고 상관없다고 법대로 하자고 주장했거든요."

차헌호는 말했다. 아사히지회를 무시만 하던 회사는 6

년 사이 조금 변한 듯했지만, 여전히 차헌호는 안 된다면서 조합원들하고 차헌호를 분리했다. 노조를 분열시키려는 꼼수로 보였다. 노조를 온전히 인정하지 않는 태도였다. 그렇지만 아사히지회는 김 이사 말에 동요하지 않았다. 노조가 정한 원칙을 조합원들은 지켰다.

자리에서 일어난 차헌호와 오수일은 지체하지 않고 서울역에서 기차를 타고 구미로 내려왔다. 기차 안에서 두 사람은 기다리고 있을 조합원들에게 교섭 결과를 전달했다. 지난 세월 동안 아사히지회 투쟁에 연대한 사람들에게 최대한 빨리 소식을 알려야 한다는 생각도 들었다. 전원 복직이라는 목표를 달성하지는 못했지만, 아사히글라스가 직접 안을 낸 상황은 분명 작은 승리가 분명했다. 다음 날 휴대폰 수천 대가 동시에 울렸다.

아사히가 입장을 냈습니다.

투쟁 7년째, 처음 나온 입장입니다. 지회장만 빼고 고용하겠다는 입장입니다. 또 일시금을 받고 그만두면 3억 4000만 원을 준다며 나가라고 합니다. 고용도 신규 입사입니다. 의도가 뻔히 보이는 입장입니다. 저희는 22명 전체 고용이 기본입니다. 일부 고용과 돈질로 내부를 분열시키는 안은 받지 않기로 결정했습니다. 온전히 노조를 인정받고 현장으로 돌아가는 날까지 시간이 좀더 걸려도 흔들림 없이 싸우겠습니다. 끝까지 함께해 주시길 바랍니다. 고맙습니다.

아사히지회에서 보낸 문자를 받은 연대자들은 마치 승리한 듯 기뻐했고, 단 한 사람도 배제하지 않고 모두 다 같이 민주노조 깃발을 안고 현장으로 돌아가겠다는 굳은 의지를 보인 아사히지회를 자랑스러워했다. 곧은 결의야말로 민주노조 운동의 정신이라는 누군가가 한 말에 숙연함이 감돌기도 했다.

"에피소드가 하나 있는데요. 우리 조합원의 부인도 시엠에스 후원을 하고 있었나 봐요. 후원회원들한테 문자를 보냈으니 (그 부인도) 알게 된 거죠. 3억 4000만 원이라고 적힌 걸 보고 '이게 무슨 내용이냐, 돈 받고 끝나는 거냐'고 기대했을 거 아니에요. 우리 조합원이 (부인) 설득하느라고 진땀을 뺐을 겁니다."

오수일이 들려준 뒷이야기다. 아사히글라스가 안을 낸다고 할 때 조합원과 가족들은 회사가 노동자 목소리를 조금은 수용하리라고 기대했다. 그렇지만 기대하고 다르게 노조는 원칙을 지키며 더 긴 싸움을 선택했고, 가족에게 계속 투쟁해야 한다는 말을 차마 입 밖에 끄집어내기 어려워 진땀을 흘린 조합원도 있을지 모르겠다.

"집에서는 돈만 받아도 되지 않느냐고 생각할 수도 있지만, 이게 모두 옵션으로 묶여 있잖아요. 전제가 차헌호 지회장을 빼겠다는 거니까, 이 전제가 안 받아들여지면 아예 안 되는 거잖아요. 우리는 회사가 제안한 안을 받지 않는다고 했지만, 조합원들은 되게 좋아했죠. 보통 회사에서 안이 나오면 얼마 안 있다가 해결되는 사업장이 좀 있어서 나름 기대를 했겠죠."

오수일도 기대했다. 노조는 원칙을 지켰고, 다시 협상할 기회가 오리라는 기대였다. 설령 기회가 다시 오지 않는다고 해도 상관없었다. 아사히글라스를 상대로 싸우면서 몸속에 쌓인 내공이 오수일을 단련시킨 덕분이었다.

"우리가 교육을 받을 때, 지회장이나 핵심 인물을 빼고 복직시키는 경우가 있다는 걸 알았거든요. 아사히글라스가 처음에 안을 들고 올 때는 해결할 의지가 있나 싶었지만, 안이 나온 걸 딱 듣자 안 되겠다는 생각이 막 들더라고요. 그냥 던져 보고 안 되면 말고 그런 식이잖아요."

오수일이 아사히글라스에 조금 기대하면서도 원하는 답을 듣지 못해 크게 실망하지 않은 데는 그만한 이유가 있었다. 검찰은 파견법을 위반한 아사히글라스에 처음에는 무혐의 처분을 내렸다. 그때만 해도 아사히지회는 아사히글라스를 기소시킬 수 있다는 기대도 없이 검찰을 상대로 싸웠다. 결국 아사히지회는 대검찰청 수사심의위원회에서 기소 의견을 받아 냈고, 검찰은 다시 아사히글라스를 수사했다.

"그때 검찰이 재수사 들어가서도 시간을 굉장히 끌었어요. 지회장하고 제가 담당 검사를 만나서 진행 과정을 물어보면 검찰이 이 사건은 대법원까지 갈 확률이 상당히 높아서 준비를 잘하지 않으면 안 된다고 양해를 구하더라고요. 몇 번을 그렇게 이야기했다는 말이에요. 저는 대법원까지 간다고 생각합니다. 그래서 교섭은 하나의 성과로 생각하자, 어차피 투쟁하면 언젠가는 들어가는 과정 중 하나라고 생각하고, 진짜 올해 안에 들어가면 좋겠지만 만약에 안 된다고 해도 뭐, 이럴 때가 있구나 하면서 추억하면 되지 않을까 싶어요."

아사히글라스를 만난 자리를 박차고 나온 오수일은 아내를 떠올렸다. 빨리 끝낼 수도 있다는 거품 같은 기대를 거둬들이기까지는 그리 많은 시간이 필요하지 않았다. 아내에게 대법원까지 가야 한다고 말했다. 아마 아내도 싸움이 길어지리라는 사실을 알고 있었다.

그렇지만 심란한 마음까지 감추기는 어려웠다. 오수일은 거품이 가득 찬 맥주를 단숨에 들이키듯 머릿속에 떠도는 상념을 황급히 걷어 냈다. 대법원까지 가려면 마음을 다잡고 긴 시간을 버텨야 했다. 이 마라톤을 포기하지 않고 종착점까지 가겠다고 스스로 설득했다.

진짜 사장을 찾아서

"아사히글라스 원청 관리자의 지시와 감독을 받았다."

"지금은 아사히글라스 아침 회의에 관리자 한 명만 들어가지만 2010년까지만 해도 각 파트별로 전 직원이 다 같이 아침 회의를 했어요. 회의 때 지시도 받고 체조도 하고 일 마치면 회식도 같이했죠. 그러다 현대자동차 불법 파견 문제가 시끄러워지니까 그때부터 각 파트별로 관리자만 아침 회의에 참석하게 했어요. 사실 지티에스는 아사히글라스의 한 부서처럼 운영됐어요."

아사히글라스가 주재하는 아침 회의에 참석한 경험이 있는 유일한 조합원인 차헌호가 말했다. 근로 계약은 지티에스하고 맺었지만, 막상 생산 현장에서는 아사히글라스 소속 원청 관리자가 지시하고 감독했다. 차헌호는 현장 리더가 된 뒤 월요일마다 아사히글라스 원청 관리자들하고 얼굴을 마주했다. 같이 회의를 하고, 업무 지시를 받고, 현장에서 감독을 받았다. 차헌호는 자기가 정규직 노동자를 보조할 뿐이라고 했지만, 차헌호가 나열하는 업무를 듣고 있으면 그 말에 동의하기 어려웠다. 원청과 하청이라는 구분 없이 지시받고, 보고하고, 점검하고, 뒷수습하고, 처리할 일들이 산더미같이 쌓여 있었다.

아사히글라스 공장에서 사내 하청을 따로 두고 구분하는 이유가 뭘까? 왜 유리 제품이 생산돼 출하하는 공정 중 어느 공정까지 원청 담당이고 어느 공정부터 하청 담당인지 안 나눌까? 부서가 달라도 생산 흐름에 맞춰 협력해야 하는데 노동자마다 사장이 다르고 조건과 처우를 달리하면서 차별할까? 이런 차별은 당연할까? 파견 노동자를 사용할 수 없는 제조업 생산 현장에서 도급이라는 명목으로 사내 하청 노동자를 마음대로 써도 되는지 한번 따져 봐야겠다.

아사히글라스는 디스플레이용 초박막 액정 표시 장치에 쓰는 유리 기판을 제조하는 공장이다. 핫 공정, 콜드 공정, 굿 공정, 기판 가공(연마) 공정을 연속으로 거친다. 핫 공정에서는 원료를 가마(용해로)에 투입해서 용해한 뒤 용해된 원료를 넓은 띠 형태로 성형해 냉각한다. 입고와 배합, 투입은 사내 하청 업체인 우영테크가 담당했고, 나머지는 정규직이 담당했다.

차헌호가 속한 콜드 공정은 핫 공정에서 성형한 유리를 컨베이어벨트에서 정사(검사), 절단, 포장해 출하한다. 품질 관리와 절단, 포장은 정규직이 담당했고, 정사(검사)와 입고는 사내 하청인 지티에스가 담당했다. 출하는 사내 하청인 건호가 맡은 몫이었다.

핫 공정과 콜드 공정은 컨베이어 벨트로 연결된 연속 공정이다. 외관상 건물 1개 동 2층에 벽체로 나눠서 공간을 분리한 듯 보이지만 핫 공정이 멈추면 콜드 공정도 멈춘다. 생산 라인은 검사, 절단, 포장, 입고, 출하 순서로 연속해서 흘러가게 돼 있다. 지티에스가 담당하는 굿 공정의 세정 라인과 절단 라인도 마찬가지다. 기판 가공(연마) 업무는 정규직과 건호 소속 직원들이 함께 담당했다.

차헌호와 김정태는 외관 검사와 제품을 선별하는 상근 업무를 담당했다. 팰릿에 차곡차곡 쌓아서 창고로 이동한 유리의 적재 상태, 포장 상태, 파손 유무를 직접 검사했다. 불량품은 표식지를 부착해서 아사히글라스 현장 관리자에게 보고하고 사무실 컴퓨터에 입력했다. 아니면 외관 검사를 마친 유리에 아사히글라스 원청 관리자가 준 입고의뢰서에 기재된 대로 제품 표식지를 부착한 뒤 출고 제품, 폐기 제품, 보류 제품으로 구별해 지정된 구역으로 이동시켰다. 때로는 샘플 검사용 유리를 작업지시서대로 절단하고 다시 아사히글라스 직원이 가져가기도 했다.

"마이크로 샘플 작업이 있어요. 일주일에 한 번 하는데, 아사히글라스 정규직과 지티에스 하청 작업자도 하죠. 샘플 절단 작업은 통상 원청 상근 작업자들이 하청 작업자에게 직접 하라고 지시해요. 그런데 하청 작업자들이 여유가 없으면 원청 작업자들이 직접 마이크로 샘플 작업을 해요. 직접 절단을 하기도 하고요. 이런 일들이 자주 있었어요."

김정태가 설명했다. 아사히글라스 직원이 차헌호에게 유리 샘플을 맡기면, 차헌호는 유리가 굽어진 정도를 측정하는 히즈미 검사를 하고 검사 결과를 컴퓨터에 입력하는 작업도 직접 했다. 콜드 공정에 사용되는 부자재를 정리하고 재고를 파악해서 일주일에 한 번씩 재고 목록도 작성했다. 그리고 아사히글라스에 보고하는 일도 했다. 지게차를 점검하고, 청소하고, 배터리를 충전하는 관리 업무도 비정규직 노동자가 맡았다.

"지게차 타이어가 많이 마모되거나, 브레이크가 밀리거나, 레버 작동이 빽빽해서 하자가 생기잖아요. 그럼 하청 작업자가 직접 원청 조장에게 보고했어요. 그러면 수리 업체를 불러서 수리해요. 지게차 관리는 주로 하청 작업자가 했지만, 지게차 운전은 원하청 작업자가 다 같이 했어요."

순환실은 콜드 공정 컨베이어 위에서 불량으로 판정된 유리를 분쇄하는 곳이다. 차헌호와 상근 직원들은 순환실 집진기에 쌓인 유리 가루를 비우고 필터를 청소하는 업무까지 도맡아야 했다. 그 밖에 바닥 청소, 카레트 캔과 파지 배출 등 온갖 잡일까지 처리했다.

"온습도 체크도 있어요. 각 가마마다 온습도 체크는 하청 작업자가 했어요. 그리고 (라인에서 생산하는 품종을 다른 품종으로 바꾸는 작업인) 잡 체인지 시에는 원하청 작업자가 같이 작업을 합니다."

차헌호는 현장에서 날마다 원청인 아사히글라스 소속 주임이 내리는 지시를 받았다. 평소 업무가 아니라 갑작스럽게 처리해야 할 업무가 생길 때나 빨리 처리해야 할 일이 생길 때는 하던 일을 멈추고 그 일부터 해야 했다. 실질적인 영향력은 지티에스가 아니라 아사히글라스가 행사했다.

"잡 체인지 시에는 원청 주임이 구체적으로 지시를 해요. 그런 업무는 하루에 한 번은 반드시 있었어요. 더 하는 날도 있고요. 그럼 기존에 하던 일은 멈춰야 하거든요. 아사히글라스의 업무 지시가 더 직접적이고 구체적일 수밖에 없는 거죠."

―

아사히글라스 구미 공장은 1층과 2층이 구분돼 있다. 지티에스 소속 직원 전체는 굿 공정이 가동되는 1층에서 일한다. 1층에는 지티에스 현장 사무실도 있지만 아사히글라스 사무실도 따로 있었다. 원청과 하청 관리자들이 수시로 현장을 드나들면서 관리자와 생산직이 한 공간에서 같이 근무하는 구조였다.

굿 공정은 세정 라인과 절단 라인으로 나뉜다. 세정 라인은 콜드 공정을 거친 제품 중에 품질 문제가 있어 검사를 다시 진행해야 하거나 세정해야 하는 유리를 취급하는 공정으로, 투입, 세정, 정사(검사), 포장, 입고, 출하 순으로 세부 공정이 진행된다. 절단 라인은 원판 유리에서 이물이나 기포 등이 생긴 불량 부분을 잘라 버리고 고객사가 원하는 사이즈에 맞게 재단하는 공정이다.

오수일은 절단 라인의 단도리 작업자였다. 단도리란 세정 작업을 마친 유리를 적재 로봇이 있는 곳에 옮겨 놓는 업무다. 절단 작업이 원활히 진행될 수 있게 준비하는 작업이다. 절단 라인에서 유리 제품을 적재하려면 먼저 공팰릿에 간지를 준비하고 작업이 끝난 팰릿을 1차로 검사한다.

그러고 나서 유리 제품을 포장해서 팰릿을 정해진 보관 장소로 운반한다. 이때 깨진 유리를 담는 카레트 캔이 가득 차면 불량품 보관 장소로 갖다 놓고 빈 카레트 캔으로 교체하는 일도 단도리 작업자가 담당했다. 오수일은 세척한 팰릿을 지게차로 운반하고, 세정 작업을 하다가 깨진 글라스를 청소하기도 했다.

임종섭은 세정 라인에서 단도리 작업을 담당했다. 임종섭도 차헌호하고 비슷한 이야기를 했다. 근로 계약은 지티에스하고 맺었지만, 업무 지시는 원청인 아사히글라스에서 받았다.

"단도리는 원청 관리자들이 생산 계획을 지시해야만 작업이 가능했어요. 제품 팔레트를 검사하다가 깨진 글라스가 발견되면 상근자들이 보고하고 원청에서 다시 세정하거나 다시 적재하라고 지시해야 합니다. 다시 적재할 때 단도리 작업자들이 해요."

업무 지시뿐 아니라 현장에서 일하다가 실수나 잘못을 저지른 때도 지티에스 관리자가 아니라 원청 직원에게 지적당해 사유서를 쓰거나 징벌용 빨간 조끼를 입었다.

"제가 7세대 공팔레트에 단보루와 포장 비닐을 입히는 작업을 할 때 발판을 사용하지 않고 팔레트를 밟고 올라서서 작업하는 모습을 원청 직원이 본 거예요. 경위서를 쓰라고 해서 썼으면 됐잖아요. 그런데 빨간 조끼도 입으라고 해서 일주일 동안 입고 일했어요."

안전벨트를 매지 않고 지게차를 운전하는 임종섭을 지나가던 원청 관리자가 보고는 경위서를 쓰게 한 적도 있었다. 심지어 더 오래전에는 원청 직원이 현장을 순찰하는 안전 패트롤 점검을 할 때 수칙을 안 지킨 사내 하청 직원에게 출근 정지를 시킨 적도 있었다. 그러다 언제부터 빨간 조끼를 입히기 시작했다. 작업장에서 체벌을 가해 노동자에게 수치심을 주입하려는 속셈이었다. 체벌당한 노동자들은 자존심이 납작하게 깔아뭉개졌고, 화를 참지 못해 그 길로 공장을 그만두는 이들이 속출했다. 빨간 조끼를 입고 일한 경험은 임종섭에게도 오랫동안 불쾌한 기억으로 남아 있었다.

—

노조를 만들고 한 달 만에 문자로 해고를 통보받은 차헌호는 금속노조 법률원을 떠올렸다. 법률 투쟁을 하려면 변호사가 필요했다. 금속노조가 노조 가입을 안 받아 준 때였지만, 차헌호는 금속노조 법률원부터 찾아갔다. 그곳에서 구미 지역을 담당하는 장석우 변호사를 처음 만났다.

"학교 갓 졸업해서 변호사가 된 신입인가 했죠. 아무래도 우리 머릿속에 선입견이 있잖아요. 덩치도 있고 딱 부러진 외모를 풍기는 사람이 잘할 것 같다고 생각하잖아요. 근데 완전 다른 모습이었죠. 나이도 어려 보이고 몸도 왜

소하고 야리야리해 보이니까 변호사 된 지 얼마 안 됐나 보다 했죠. 그런데 하면서 진짜 많이 놀랐어요. 준비가 장난 아니었어요. 엄청나게 준비를 했더라고요."

아사히글라스는 정규직 노조 출범에 대비해 기업 차원에서 노조 대응 전략인 '에스^s 파일'을 준비해 두고 있었다. 그런데 생각지도 않은 사내 하청 업체에서 노조가 만들어졌다. 아무 상관이 없다고 잡아뗐지만, 한낱 사내 하청 업체일지라도 자기들이 소유한 공장 안에 생긴 노조가 달가울 리 없었다. 더군다나 노동자 절대다수가 노조에 가입한 상황에서 그저 나 몰라라 할 수만은 없었다.

여론의 질타를 받고 사회적 물의까지 일으키면서 대량 해고를 강행한 일은 지티에스 단독 소행으로 보기 어려웠다. 노조라면 떡잎부터 잘라 내겠다며 문자 한 통으로 집단 해고를 통보할 정도로 힘이 막강한 거대 자본이라야 가능한 일이었다. 그렇게 아사히글라스는 강력한 힘을 과시하면서 등장했다.

아사히글라스가 노동조합을 깨려고 직접 개입한 정황은 먼 훗날 단체 교섭에 참석한 지티에스 쪽 노무사가 노동부 조사에서 구체적으로 진술한 내용으로 드러났다. 그 노무사는 차헌호에게 직접 연락해서 아는 내용을 다 전했다. 그럴 만한 이유가 있었다. 지티에스가 노조에 대응하는 방식을 탐탁지 않아 한 아사히글라스는 노무사 일감도 전부 김앤장으로 넘겼다. 문자 해고는 아니지만 노무사도 해고된 셈이었다. 나중에는 김앤장도 태평양에 밀려 잘려 나가는 신세가 됐다.

"원청 일본 관리자(가토 다케시)가 지티에스 사장을 불러 놓고 9000억 원이 있으니 노조만 깰 수 있다면 아깝지 않다고 했대요. 원청 관리자들이 하청 관리자들한테 수시로 전화해서 '하청이 노조 대응 안 하고 뭐 하냐, 조합원들 술 사 주고 접대해서 잠수 타게 해야지' 하면서 '증거를 남기지 말라'고 했다는 거예요."

차헌호는 노무사하고 통화한 뒤 지티에스가 갑자기 콜드 공정 상근 직원 16명에게 권고사직을 통보한 이유도, 노동조합을 상대로 단체 교섭을 하다가 무리하게 집단 해고를 강행한 이유도 퍼즐을 맞출 수 있었다. 명백한 부당 해고, 부당 노동 행위이지만 국가와 법은 노동자 편이 아니었다.

아사히지회는 앞으로 벌어질 긴긴 법정 싸움을 준비해야 했다. 노조 차원에서 부당 해고, 부당 노동 행위, 불법 파견 말고도 예상되는 노조 탄압, 민형사 사건에 대응해야 했다. 차헌호는 장석우 변호사를 찾아가 변호뿐 아니라 앞으로 이어질 긴 싸움에 협력할 지원군이 돼 달라고 요청했다.

해고되기 전 현장 경험에 비춰 볼 때, 아사히글라스가 불법 파견을 한 사실은 명백해도 법정에 내밀 확실한 증거는 없었다. 아사히글라스 공장은 내부 사진 촬영을 원칙적으로 금지했다. 노동자들이 출근할 때면 공장 입구에서 휴대폰 렌즈에 스티커를 붙였다. 노조를 만들고 해고될 때까지 한 달 동안에는 증거를 수집할 시간도 부족했다. 차헌호가 원청 직원하고 나눈 통화 기록과 문자, 조합원 진술이 전부였다. 당장 민사 소송을 진행하기는 취약한 조건이라 변호사는 신중했다.

"장석우 변호사는 불법 파견 소송을 시작하고 한 2년 뒤에 임금 소송을 하자더라고요. 우리는 해고되자마자 바로 노동부에 부당 노동 행위와 부당 해고, 불법 파견을 고소했지만, 민사 소송은 같이 안 하고 한참 뒤인 2017년 7월에 넣었어요. 다른 사업장은 불법 파견과 민사 소송을 넣으면 임금 소송도 같이하거든요. 그래서 임금하고 불법 파견 소송이 한 방에 나와요. 우리는 마음이 조급한데, 장 변호사는 전략적으로 지금은 이렇게 (천천히) 하는 게 낫다고 하더라고요. 우리가 판단할 수 없는 조건이니까, 변호사 의견을 다 따랐죠."

노조를 만들고 순탄하게 단체 교섭을 하지 못한 채 한 달 만에 집단 해고를 당하면서 싸움이 시작됐다. 아사히글라스는 출근 투쟁을 시작하는 노동자들을 고소하고 고발하기 시작했다. 원청 직원들과 경비 용역을 앞장세워 매일 충돌했고, 노조가 공장으로 접근할 수 없게 법원에 접근 금지 가처분 신청을 했으며, 법원은 신청을 받아들였다. 회사는 손배 가압류 카드도 꺼내 들었다. 그럴 때마다 투쟁 무대는 공장 앞에서 경찰서로, 다시 구미시청으로 바뀌었다. 노동부도 투쟁 무대였다. 노동자들은 끈질기게 싸워야 했다. 구미고용노동지청에 거의 매일 찾아가 담당 근로감독관을 닦달했다. 조합원 대부분이 고소인 조사와 참고인 조사를 받았고, 담당 근로감독관이 2년간 조사를 이어 가며 5000여 쪽에 이르는 불법 파견 관련 수사 기록을 확보했다. 근로감독관은 그 기록을 바탕으로 '파견법 위반 기소 의견'으로 대구지검 김천지청에 사건을 송치했다.

2017년 7월이었다. 아사히지회와 공투가 대선 정국에 벌인 고공 단식 농성을 마무리한 뒤였다. 차헌호와 공투가 17일간 청와대 앞에서 문재인 대통령을 직접 만나 비정규직 노동자들의 요구를 전달하겠다고 거리 농성을 마친 때였다. 오랜 기다림 끝에 고용노동부가 아사히글라스를 파견법 위반으로 검찰에 송치한 사실도 기뻤지만, 5000쪽이나 되는 수사 기록은 장석우 변호사에게 날개를 달아 준 셈이었다. 장 변호사는 아사히지회를 대리해서 '근로자 지위 확인 소송'을 제기했다.

"장 변호사 말로는 자기가 맡은 사건 중에 가장 어려웠대요. 왜냐하면 다른 곳은 현장에서 일하면서 사진이나 여러 가지 자료들을 구할 수가 있지만, 아사히는 다 해고된 상태로 고소를 진행했기 때문에 아무것도 없는 백지상태였으니까요. 진짜 어떻게 해야 할지 굉장히 갑갑한 상황에서 노동부가 진행하는 걸 보면서 민사 소송을 바로 넣었으면 바로 속전속결로 기각됐을 거라고 여긴 거죠. 길게 가니까 괜찮다. 나중에 받으면 된다. 노동부와 검찰에서 조사한 자료를 추후 받아서 소송을 진행한 거죠. 그래서 투쟁과 잘 맞아떨어진 거예요."

고용노동부는 아사히글라스를 파견법 위반으로 검찰에 송치하는 한편으로 하청 노동자 178명에 관한 직접 고용 시정 지시도 내렸다. 이행하지 않을 때는 불법 파견 과태료 17억 8000만 원도 부과된다고 했다. 아사히글라스가 그동안 해온 행태로 봐서는 한국 행정 기관이 하는 말을 고분고분 따를 리 만무했다. 차헌호는 하루빨리 검찰이 아사히글라스를 기소하게 할 투쟁을 시작해야 한다고 생각했다.

검찰 사물함에 불법 파견 증거물이 가득해도

"한 달이면 끝날 줄 알았어요."

아사히지회는 검찰청에 집중해야 할 때가 왔다고 판단했다. 검찰이 아사히글라스 불법 파견 사건을 기소하게 하려면 대구지방검찰청을 대상으로 투쟁해야 한다고 생각했다. 그러나 공투 내부에는 투쟁 전선을 여전히 서울, 곧 중앙에 집중해야 한다는 의견도 있었다. 노동자 전체를 위한 요구와 사업장 현안을 분리해서 생각할 수 없다는 사실을 차헌호가 가장 잘 알고 있었다. 그러나 아사히지회는 당장 시급한 과제를 해결해야 했다. 아사히지회는 공투에서 주장하는 중앙에 집중하는 투쟁을 병행할 수 없는 조건이었고, 공투는 시급한 사안이 발생한 사업장을 지원하며 현장에 결합할 의지를 보여 주지 않았다. 결국 차이는 좁혀지지 않았고, 합의도 되지 않았다.

시간을 더 끌 수 없다고 판단한 아사히지회는 시급한 현안에 집중하기로 결정하고 대구지방검찰청에 쳐들어갈 계획을 세웠다. 구미 공장에 지은 천막 농성장을 지키면서 대구에서 할 싸움도 기획해야 해서 준비할 것이 많았다. 검찰청에 천막 농성장을 세우는 일도 중요하지만 씻고 잠잘 공간도 따로 마련해야 했다. 그때 전교조 대구지부가 흔쾌히 강당을 빌려 줬다. 구미 공장 앞 천막 농성장을 지킬 사람만 남고 나머지 조합원들은 대구지방검찰청에 집중하기로 했다.

"대구는 다른 곳보다 굉장히 힘들었어요. 서울에서는 저희끼리만 투쟁한 게 아니라 여섯 개 이상 사업장 사람들이 다 같이 있으니까 인원도 좀 되고 술도 한잔하고 이야기도 나누고 힘들면 다 같이 힘들고 다 같이 고생했는데요. 여기는 우리 지회만 농성해야 하니까 더 힘들게 느껴졌어요."

차헌호가 토로했다.

대구지방검찰청은 노조나 시민단체가 하는 기자회견도 집회로 간주해 경찰이 심하게 핍박하는 곳으로 소문난 장소였다. 아니나 다를까 아사히지회가 천막 농성장을 설치하자 경찰과 공무원들이 득달같이 달려들어 부쉈다. 현수막 한 장 못 달게 막았지만, 그렇다고 순순히 물러날 아사히지회가 아니었다. 정부서울청사에서 광화문 일대를 휩쓸고 청와대까지 진격 투쟁을 하면서 다져진 뚝심이 있었다. 경찰이 비호하는 지자체 공무원들이 천막 농성장을 철거하면 노동자들은 부리나케 다시 세웠다. 천막을 둘러싼 밀고 당기는 싸움을 몇 번 한 끝에 투쟁 거점을 확보하는 데 성공했다. 천막 농성장에서는 철야 당번을 정해 순서대로 잠을 잤고, 나머지 인원은 전교조 대구지부 강당에서 합숙했다. 검사들이 출근하는 이른 아침부터 기상해 대구지방검찰청 앞에서 방송을 시작했다.

"한 달이면 끝날 줄 알았어요. 한두 달 안에 기소할 거라고 생각했죠. 100프로 빨리 기소하게 만들겠다고 했는데, 불기소한 거예요. 정말 불기소할 거라고는 생각도 안 했어요."

―

 아사히지회가 검찰을 상대로 투쟁하기 시작한 날은 2017년 8월 29일이었다. 푹푹 찌는 한여름 무더위 속에서 대구지방검찰청 앞 출근 선전전은 아침마다 계속됐다. 점심시간과 퇴근 때는 법원 앞 인도와 건널목에서 선전전을 했다. 틈틈이 대구 지역 투쟁 사업장을 찾아다니며 연대도 했다. 고립되지 않으려 노력했다. 매주 수요일 밤이면 검찰청 건너편 거리에서 투쟁문화제를 열었다. 그렇게 구미와 대구를 왕복하면서 정신없이 투쟁하던 12월 22일, 검찰은 차헌호가 전혀 예상치 못한 결론을 발표했다. 불법 파견은 무혐의 처분을 받았다.

 "우리가 지노위, 중노위에 사건을 넣어 보면 마음이 다 그렇잖아요. 설마 지겠나 하는 마음으로 하는데, 불기소됐다고 했을 때 멍때렸죠. 변호사가 엄청 힘들어하더라고요. 제가 오히려 변호사를 달랬어요. 위로하면서, '법을 다 이길 수 있나요' 하면서 또 하면 된다고 했어요. 사실 기소를 만들 수 있을 거라고 생각은 못 했어요. 그냥 싸웠어요. 2018년은 그냥 했네요. 공투 없이 우리 아사히지회가 봄부터 겨울까지 그냥 싸웠어요."

 검찰이 아사히글라스 불법 파견 사건을 무혐의 처분한 사실이 알려지자 아사히지회는 긴급 회의를 소집하고 조합원 전체에게 검찰의 무혐의 처분 결과를 공유했다. 집행부는 포기하지 않고 대구지방검찰청에서 집중 투쟁을 이어가기로 결의했다. 공무원과 경찰들은 천막 농성장을 바로 철거했다. 물러설 곳 없는 조합원들은 낙심할 새도 없이 정신을 가다듬고 다시 천막 농성장을 세웠다. 모든 조합원이 출근 시간마다 대구지방검찰청에 쳐들어가 검사장 면담을 요구했다. 남기웅은 그럴 때마다 검사장이 검찰청 직원들에 둘러싸여 호위받으며 올라가는 모습을 봤다.

"옛날에 제가 텔레비전에서 보던 권위적인 집단이 이렇게 고착됐구나 싶었어요. 조직폭력배 같고, 검사 별거 없더라고요. 검사도 사람이구나. 검사가 휘두를 수 있는 권력이 국민으로부터 나오는 건데, 그걸 아예 잊어 버리고 지들 마음대로 정치적으로 판단하고 이용하는구나 싶고요. 별거 아닌, 그냥 그 정도 사람이네, 이런 생각이 들었죠."

아사히지회는 대구지방검찰청 앞에서 선전전을 할 때마다 이런 말을 했다.

"아사히글라스가 불법 파견을 했다는 증거 자료가 수천 장입니다. 그러나 검찰이 캐비닛에 들어간 서류를 한 번도 열어 보지 않고 방치하는 동안 노동자들은 해고돼 수년 동안 길거리에서 고통받고 있습니다."

증거 자료가 수천 장인데 검찰은 어떻게 그토록 떳떳하게 무혐의 처분을 내릴 수 있었을까. 남기웅은 말했다.

"한 번씩 검찰이 '우리가 언제 그랬습니까? 우리는 그런 적 없고 절차대로 진행하고 있다'는 말만 했어요. 사안이 사안이라 우리(검사)도 좀 그런 게 있다고 하는 거죠. 우리(아사히지회)는 그런 거 모르겠고, 상식적으로 생각해 보라고, 이게 말이 되냐고 했고요."

결국 대구지방검찰청 검사장은 정문을 피해 다니는 신세가 됐다. 아사히지회를 따돌리고 뒷문으로 출근한다는 소문이 파다했다. 조합원들은 그 정도로 분이 풀리지 않았지만, 검찰청도 부담을 느낀다는 증거라서 나쁜 소식은 아니었다. 대구지방검찰청 농성 투쟁도 어언 157일이 지나고 있었다. 농성이 길어지는 만큼 노동자들은 고통을 겪어야 했고, 생계 문제도 해결하기 어려운 상황이었다.

"아침마다 출근 투쟁을 했어요. 대구지검장이 정문으로 오다가 반대쪽으로 올라가는 상황도 맞게 된 거죠. 저희는 (2018년) 1월 9일 직권 남용으로 담당 검사(김도형)를 고소하고 대구지검에 항고했어요."

아사히지회는 불법 파견 사건을 대구고등검찰청에 항고했고, 157일간 이어진 농성과 투쟁에 지친 조합원들은 휴식이 필요했다. 긴 호흡으로 투쟁을 준비해야 하는 시점이었다. 그렇게 2018년 2월 1일 대구지검 농성 투쟁이 일단락됐다. 휴식기에 들어간다고 해서 대검찰 투쟁을 멈추지는 않았다.

아사히지회는 짧은 휴식을 취했다. 그러고 난 뒤에 다시 대구지방검찰청 검사장에게 면담을 요구했다. 좀처럼 모습을 드러내지 않는 검사장을 만나려고 건물에 수십 번이나 쳐들어갔지만, 검사장은 끝내 만나 주지 않았다. 금속노조 차원에서 대규모 집회도 여러 번 열었다. 이런 끈질긴 노력과 투쟁이 아무 성과도 내지 못하고 끝나지는 않았다. 아사히지회가 아사히글라스 파견법 위반 혐의 불기소 처분에 항고하고 문제 제기를 지속하자 대구고검은 2018년 5월 14일 검찰 수사를 처음부터 다시 시작하라고 재기 수사 명령을 내렸다. 재기 수사는 검찰 스스로 부실한 수사를 인정한다는 뜻이었다. 검찰이 기소하리라는 기대도 없이 싸운 아사히지회는 뜻밖에 작은 승리를 거뒀다. 기쁨은 오래가지 못했다. 검찰은 재기 수사 명령이 떨어진 지 6개월이 지나도록 기소 여부를 결정하지 않았다. 아사히지회도 마냥 검찰 수사만 넋놓고 바라볼 수 없어서 거리 투쟁을 다시 시작했다.

2018년 11월 5일, 나뭇잎이 우수수 떨어져 대구지방검찰청 앞 인도를 어지럽힐 때쯤 아사히지회는 천막 농성을 시작했다. 추위도 시작됐다. 투쟁이 길어지고 투쟁하는 모습도 다양해졌다.

—

송동주는 대구지방검찰청을 점거한 날보다 전체 조합원이 모여 점거 농성을 계획한 날이 더 인상 깊었다.

"우리가 신사에 모여서 전체 회의를 했어요. 주로 지회장이 투쟁에 앞장설 때가 많았잖아요. 조합원들이 '지회장 없어도 괜찮다. 우리끼리만 해도 된다'고 정리했어요. 그때 느낌이 달랐어요. 왜냐하면 지회장과 소수 몇몇이 노조 운영이나 투쟁을 결정하고 정리하면 조합원들이 따라가는 경우가 많잖아요. 그런데 우리는 전체 조합원들이 모여서 투쟁을 의논한 거죠. 어떻게 보면 지회장이 없어도 우리가 투쟁할 수 있다고 자체적으로 논의한 거잖아요. 지금까지는 지회장만 보고 졸졸 따라다녔다면 이제 각자 판단해서 진행한 투쟁이라고 생각이 들어서 저는 개인적으로 그때 기억이 많이 남더라고요. 그때 실질적으로 지회장은 검찰청에 안 들어오고 다른 사람들만 들어갔거든요. 결국 다 연행됐지만, 그래도 잘 대응했다는 생각이 들어요."

그날 김정태는 몸살감기가 심했다. 으슬으슬 춥고 아픈 상태이지만 중요한 회의라고 직감해서 빠질 수는 없었다. 회의 장소에 가니 다들 모여서 의논하고 있었다. 김정태는 몸을 가눌 수 없어서 사람들 뒤에 비스듬히 누웠다.

"기웅이가 저한테 심각한 이야기하는데 좀 앉아 있으라길래 앉아 있었는데, 너무 아프니까 머리에 아무 얘기도 안 들렸어요. 그런데 이제 '헌호 형 빼자' 하면서 이야기가 나오길래 그러면 된다고 생각했죠. 또 대구에 도착해서 슬슬 걸어갈 때도 저는 빨리 검찰청에 들어가서 로비에 앉고 싶었어요. 왜냐하면 너무 아팠어요. 나 빨리 가서 앉아 있어야겠다는 생각밖에 없었어요. 앉자마자 (어깨를 푹 숙이고) 이러고 있었죠. 저는 진짜 몸 상태가 안 좋더라고요."

몸살감기로 몸이 안 좋아도 김정태는 중요한 투쟁에 빠지고 싶지 않았다. 차헌호도 점거 농성을 계획하면서 함께 들어가고 싶었지만, 조합원들은 극구 말렸다.

"헌호 형이 그동안 걸린 게 많으니까 조합원들은 들어가면 안 된다고 말렸고, 우리 열한 명이 알아서 잘 싸우겠다고 했죠. 저는 아파서 (어깨를 둥글게 말아서 쭈그리고 앉아) 이카고 있었지만, 보니까 잘하더라고요. 아주 괜찮았어요."

안진석은 오히려 대구지방검찰청에서 싸울 때 스트레스가 없었다.

"왜냐하면 거기서는 싸운다, 물러서지 않는다가 명확했거든요. 대구 검찰청 로비에 들어갔을 때는 '우리 구속 각오합니다. 잡혀가는 게 오히려 좋은 겁니다' 했죠. 깔끔하잖아요. 고민이 없었어요."

2018년 12월 27일 점심시간이었다. 조합원들은 투쟁조끼를 벗고 민원인이 됐다. 한 사람씩 대구지방검찰청 민원실로 들어갔다. 화장실을 다녀오거나, 흡연 구역에서 담배를 피우거나, 현관 앞에서 삼삼오오 모여서 이야기를 나누던 노동자 11명이 기습적으로 검사장 면담을 요구하면서 현관 로비에 자리를 잡고 앉았다. 조합원들은 '아사히글라스 기소하라', '아사히글라스 눈치 보나', '김앤장 눈치 보냐?' 같은 문구를 적은 손피켓을 들고 있었다. 그렇게 연좌 농성이 시작됐다.

"총 열한 명이 들어갔죠. 그때 저는 부지회장이었고, 남기웅이 수석이었어요. 저희 둘이 바로 직전에 대검찰청 점거 농성을 한 적도 있었어요. 저는 긴장이 되더라고요. 대구 검찰청에 들어가 조합원들 얼굴을 보니까 전부 다 어마어마하게 겁먹은 것 같았어요. 딱 경직돼 있는 거예요. 야, 큰일 났다. 끌려가기 전에 다 자기 발로 나가게 생겼다 싶더라고요. 그래서 고함을 지르면서 팍하니까 다 따라 하더라고요……"

오수일은 검찰청 로비에서 구호를 선창했다.

"아사히글라스 불법 파견 당장 기소하라!"

"아사히글라스 눈치 보는 검찰을 규탄한다."

조합원들이 큰소리로 구호를 따라 외쳤다. 검찰청 건물 안이 쩌렁쩌렁 울렸다.

"저 진짜 고민 많이 했어요. 제가 구호 외쳤을 때 다들 안 따라 하고 저 혼자만 하면 어떻게 하지? 왜냐하면 대검찰청에서 (기아차 비정규직) 김수억이 처음 구호를 외칠 때 저는 안 따라 했거든요. 입에서 말이 안 나오더라고요. 말이 입안에서 돌고 목소리가 안 나왔어요. 두려워서 그랬는지 모르겠지만, 그러다 김수억이 두 번, 세 번 하고 나자 그때부터 막 나가면서 목소리를 냈는데, 대구 검찰청에 있으니까 그게 딱 생각이 나더라고요. 제가 선창해도 동지들이 안 따라 하면 두세 번 해야 따라 하겠지 싶었어요. 그렇게 용기를 내서 할 수 있었죠."

　대구지방검찰청 연좌 농성은 밤 8시까지 계속됐다. 검찰청은 아무도 출입할 수 없게 셔터를 내리고 건물을 봉쇄했다. 건물 바깥에서는 차헌호를 비롯한 집회 대오가 검찰을 규탄하는 항의 집회를 하고 있었다. 건물 현관 셔터를 사이에 두고 노동자들은 안팎으로 분노했다. 대한민국 검찰이 불법을 보고도 눈 감고 시간만 끌기 때문이었다. 고통받는 노동자들이 내는 목소리가 세상을 시끄럽게 뒤흔들고 있었다. 밤 8시쯤 검찰청 점거 농성을 한 조합원 11명은 경찰에 연행돼 수성경찰서로 이송됐다.

　"대검찰청에서 점거하다가 끌려 나와서 연행됐을 때 굉장히 편했어요. 변호사가 올 때까지 자유롭더라고요. 그런데 대구는 변호사가 온다고 해도 계속 통제시키고 밖으로 못 나가게 해요. 열한 명이니까 한 명씩만 나가서 담배 피우러 가게 하고요. 그사이에 경찰은 조합원을 불러 앉혀서 신상 조회를 막 하죠."

　변호사가 올 때까지 조사에 협조하지 않기로 했지만, 경찰은 집요했다. 조합원들을 분리하고 조사를 시작하려 했다. 조합원들은 저녁도 못 먹은 채였다. 오수일은 배고프다고 항의했다. 밥을 시켜 달라고 했고, 경찰은 김밥을 주문해 놓았다고 했다. 서울에서 대검찰청 점거 농성을 하고 유치장을 다녀온 경험이 있는 오수일은 김밥 말고 설렁탕이 먹고 싶다고 했지만, 대구 경찰은 친절하지 않았다.

"설렁탕이 없다고 하더라고요. 나는 설렁탕이 먹고 싶어서 어플을 다운받아 직접 주문했거든요. 그러니까 경찰 지들이 사 온 김밥은 지들이 먹고, 우리 조합원들은 설렁탕을 한 그릇씩 다 돌렸죠. 해 보니까 되더라고요."

조합원들은 유치장에서 이틀이나 보내야 했다. 몸살감기로 몸이 아픈 김정태는 검찰청에 들어갈 때처럼 빨리 유치장에 들어가고 싶었다. 유치장 바닥에 눕고 싶을 만큼 몸이 안 좋았다.

"제가 너무 아파서 약을 달라고 했거든요. 그런데 약은 안 된다더라고요. 옆에 있던 우리 동지들이 '아니 아픈데 왜 약을 안 주냐'고 항의하니까 경찰이 자기 가방에 있는 개인적인 거라도 약을 드릴까요? 묻는 거예요. 일단 달라고 해서 먹었죠."

김정태가 몸이 아픈 상황에서도 동지들하고 함께하려 한 이유는 이번 투쟁이 중요한 분기점이라는 생각 때문이었다. 김정태는 어디에서도 검찰청 점거 농성을 한 이야기를 듣지 못했다. 그렇지만 이 투쟁이 정당하다고 확신하기 때문에 아픈 몸을 이끌고 동지들하고 검찰청에 들어갔다.

"우리 조합원들이 한 칸에 두세 명씩 나뉘어 있기는 해도 유치장 한 곳에 열한 명이 있는 거잖아요. 모르는 사람도 있었겠지만, 저는 누워서 가만히 듣는데 우리끼리 잘 놀았어요. 제일 웃긴 게 칫솔을 개인마다 하나씩 나눠 줬어요. 칫솔에 이름이 적혀 있더라고요. 그런데 수일이 형 이름이 '오수열'로 적혀 있는 거예요."

오수일은 유치장에서 보낸 이틀 밤이 편안했다. 그런데 칫솔에 이름이 잘못 적혀 있자 기분이 상했다.

"'오수열'이 누구야? 나 '오수일'이라고 바꿔 줘. 새로 적어서 줘."

오수일이 소리치자 경찰은 귀찮다는 듯 그냥 쓰라며 성의 없는 태도로 응답했다. 경찰 태도에 화가 난 오수일은 창살을 거칠게 치면서 칫솔을 바꿔 달라고 요구했다. 결국 경찰은 '오수일'이라는 이름이 반듯하게 적은 새 칫솔을 들고 왔다.

"원래 하루에 하나밖에 안 되는데 저는 두 개 가지고 있었잖아요."

유치장에서 칫솔 두 개 받은 유일한 사람이 오수일이다. 이것도 먼 훗날 유치장에서 동숙한 동지들끼리 재미난 추억거리가 되겠다.

조합원들은 경찰 조사를 받았다. 한 사람씩 불려 나갔는데, 이상하게 오수일과 남기웅은 계속 뒤로 미루는 듯했다. 알고 보니 검찰이 두 사람 휴대폰에 압수 수색 영장을 신청했더란다. 압수 수색 영장이 발부된 뒤에야 두 사람은 경찰 조사를 받았고, 유치장에 이감될 때 보관소에 맡겨 둔 휴대폰은 검찰이 빼앗았다.

"우리는 검찰청 점거 농성 하기 전에 연행을 각오했거든요. 연행돼서 호송차 타고 경찰서로 갈 때 저는 휴대폰에 저장해 놓은 건 웬만한 건 다 지웠어요. 그래도 휴대폰을 압수 수색 당할 거라고는 생각지도 못했죠."

경찰 연행은 각오한 일이지만 휴대폰 압수 수색까지 예상하지는 못했다. 유치장에서 48시간을 꽉 채우고 휴대폰을 뺏긴 채 풀려나오니 해가 저물고 있었다. 해가 바뀌고 2019년에 두 사람은 조사받으러 다시 경찰서로 갔고, 포렌식 수사를 한다는 통보를 받았다. 오수일은 멋쩍어하며 말했다.

"경찰이 포렌식 수사를 한다는 거예요. 조사받으러 가니까 휴대폰과 에스디^{SD} 카드에 비밀번호나 패턴을 풀어 달라고 하더라고요. 그래서 우리는 비밀번호 잠금 해제를 해 주고 풀라고 해서 풀어 줬어요. 압수 수색 됐으니까 풀어 줘야 하는 줄 알고 다 풀어 줬어요."

검찰은 대구지방검찰청 점거 농성을 사건화해서 차헌호하고 공모한 정황을 알아내려고 두 사람 휴대폰에 대상으로 압수 수색을 한 듯했다. 공동 정범으로 몰아 죄를 무겁게 지우고 싶었겠지만, 이렇다 할 효과는 거두지 못했다. 결국 검찰은 차헌호를 기소하는 데 실패했다. 이 사건으로 오수일과 남기웅은 벌금 200만 원 처분을 받고, 김정태, 송동주, 안진석, 민동기, 이영민, 조남달, 장명주, 전영주, 최진석 등은 벌금 100만 원 처분을 받았다.

6년이 아니라 60년도 싸워 주마

"합법적인 파견이 어디 있나요? 다 불법이지."

"재기 수사 명령이 떨어졌을 때 엄청 좋았죠. 아니다. 처음에는 뚜껑 열렸지. 화가 났어요. 원래 기소한다고 했거든요. 검사가 말하는 뉘앙스를 보면 기소를 이야기한 거지. 그러면서 자료를 좀더 구할 수 없냐고 하더라고요. 우리 변호사는 재기 수사 명령을 내린 검사, 봉 검사가 어떻게 보면 저희 투쟁 방향을 새롭게 잡게 한 사람이라고 해요."

재기 수사 명령이 아니면 물길이 달라질 뻔한 상황이라고 차헌호는 생각했다. 물론 그렇다고 해서 아사히지회가 검사 말만 철석같이 믿고 시간을 허투루 보내지는 않았다. 2018년 5월 14일 검찰에서 재기 수사 명령이 떨어질 때까지도 대구지방검찰청에 출근하듯 찾아가서 기소를 촉구하는 싸움을 계속했다.

재기 수사 명령이 떨어진 뒤에도 아사히지회는 검찰을 향한 투쟁을 멈추지 않았다. 5000쪽이나 되는 불법 파견 증거가 있는데도 검찰이 정치적 상황에 따라 사건을 뭉개고 다른 판단을 내릴지도 모른다는 사실을 투쟁하는 내내 몸소 겪은 때문이었다. 그래서 검찰청만 바라보고 있을 수는 없었다. 금속노조 내부에 현안 문제로 투쟁하는 비정규직 노동자들이 있고 싸움판을 키우려는 의지도 높았다. 금속노조 말고도 싸우고 있는 비정규직 노동자들을 모아서 공동 투쟁을 하기로 했다.

'비정규직 이제 그만' 공동 투쟁은 '비정규직 그만 쓰개!'에서 시작했다. 처음에는 금속노조 사업장 중 불법 파견 문제를 제기하면서 싸우고 있는 현대, 기아, 지엠, 아사히글라스 등 대공장 사내 하청 노동자들이 한데 모여 판을 만들어 보자고 해서 모임이 시작됐다. 현장에서 일하는 노동자도 있지만 대부분 해고 상태였고, 근로자 지위 확인 소송과 파견법 위반 형사 소송을 진행하는 사람이 많았다. 재판은 하염없이 시간을 끌어 투쟁도 길어지고 있었다.

더 심각한 문제는 제조업 생산 라인에 파견 근로가 금지돼 있는데도 노조 없는 현장에는 도급으로 위장한 파견 노동이 만연한 상황이었다. 당연히 정규직 자리는 비정규직으로 채워지고 노동자 권리는 침해당했다. 현장에서 차별은 점점 고질병이 되고 있었다. 그래서 금속노조 비정규직 노동자들이 뜻을 모았다. 금속노조뿐 아니라 다른 산별노조에 속한 비정규직 노동자와 활동가들도 힘을 합쳐서 '1100만 비정규직 노동자 공동투쟁단'을 모으기 시작했다. 공동투쟁단은 공동 요구안을 내걸었다. 첫째, 문재인 대통령이 비정규직 노동자를 만나 직접 대화에 나설 것, 둘째, 불법 파견을 정규직으로 전환할 것, 셋째, 불법 파견 사용자를 처벌할 것, 넷째, 공공 부문 비정규직을 제대로 된 정규직으로 전환할 것, 다섯째, 파견법과 기간제법을 폐기하고 노조법 2조를 개정할 것이었다. 그리고 문재인 대통령에게 '비정규직 100인과의 대화'를 요구했다. 공동투쟁단은 '비정규직 그만 쓰개!'라는 구호를 외치며 전태일 열사 48주기를 맞는 2018년 11월 12일부터 4박 5일 동안 국회와 대검찰청, 청와대를 찾아다녔다. 전체 노동자들이 하는 요구를 내걸고 서울 도심을 가로질러 행진하면서 대정부 투쟁을 시작했다.

—

"지금까지 뭉개던 사건들을 기소하라고 대검찰청을 점거했잖아요. 《조선일보》 같은 보수 언론의 1면에 기사가 났는데, '비정규직'이라고 안 쓰고 '민노총 조합원들이 점거' 같은 식으로 쓴 거예요. 하여튼 우리끼리만 하면 못 하지. 자신감이 없으면 못 할 일이지만, 여럿이 같이 대검찰청에 들어갔고, 밖에 100명, 150명이 텐트 치고 경찰들하고 몸싸움하고 병원에 실려 가는 기세가 있으니까 점거 들어가서도 당당하게 그렇게 했죠."

차헌호가 말했다. '비정규직 그만 쓰개' 공동 투쟁단은 20년 넘게 불법 파견 문제를 해결하라고 싸우는 노동자들이 앞장섰다. 검찰이 제대로 수사하지도 않고 기소하지도 않은 채 자본을 감싸며 시간만 끌고 있는 동안 노동자들이 겪는 고통은 날로 커졌다. 아사히지회는 금속노조 비정규직 노동자들하고 함께 '불법 파견 문제 신속 처리'와 '불법 파견 사용자 처벌'을 요구하려고 검찰총장을 만나러 갔다.

현대차 비정규직, 기아차 비정규직, 한국지엠 비정규직, 아사히 비정규직 등 불법 파견 해당 사업장 노동자 8명은 대검찰청에 검찰총장 면담을 요청하는 민원을 넣으러 시간에 맞춰 한 명씩 들어가 민원실에서 만나기로 약속했다. 오수일과 남기웅도 민원을 넣으러 대검찰청으로 들어섰다. 사실 민원은 핑계이고 검찰총장 대면이 진짜 목적이었다. 검찰총장이 만남을 거부하면 로비 한가운데 주저앉아 연행될 때까지 농성하는 계획이었다. 계획은 간단명료했지만, 으리으리한 대검찰청 로비로 들어서는 오수일은 마음이 복잡했다.

"저는 검찰을 상대하는 게 처음이잖아요. 저희가 대구 검찰청 앞에서 계속 선전전하고 집회는 했지만, 검찰청 로비에 점거 농성을 하려니 가슴이 쿵쾅쿵쾅 뛰더라고요. 경비들이 쫓아와서 막 난리 칠 때 (기아차 비정규직) 김수억 동지가 앞에서 싸우고 구호 외치는데 되게 멋있더라고요."

11월 13일이었다. 전태일 열사가 '근로기준법을 지키라'며 몸을 불살라 산화한 지 48년째 되는 날이었다. 아사히지회를 비롯한 제조업 비정규직 노동자들은 대검찰청에 들어가서 파견법을 위반하는 기업을 신속하게 수사하라고 외쳤다.

한낮에 대검찰청으로 들어간 노동자 여덟 명은 한밤중에 연행돼 경찰서로 이송됐다. 대검찰청 밖 인도에는 '비정규직 그만 쓰개!' 공동투쟁단 노동자 수백 명이 텐트를 치고 밤샘 농성을 준비하고 있었다. 경찰들이 거리 농성을 못 하게 무력을 쓰면서 방해하는 바람에 또 한바탕 싸움이 벌어졌다. 오수일과 남기웅이 아사히지회 대표로 대검찰청 안에서 로비 농성을 하고 있을 때 나머지 조합원들은 동지를 지키려고 검찰총장 면담을 요구하며 밤새 경찰들하고 싸웠다.

오수일은 대검찰청 점거 농성 경험을 바탕으로 한 달 뒤인 12월 27일 아사히지회가 독자적으로 대구지방검찰청 점거 농성을 할 때 앞장설 수 있었다. 조합원들은 대검찰청 점거 농성을 경험한 오수일 부지회장을 신뢰하고 자랑스럽게 여겼다. 오수일도 대구지방검찰청 점거 농성을 스스로 기획하고 앞장설 용기가 생겼다.

검찰청 문턱을 넘은 노동자들도, 검찰청 밖에서 그 노동자들을 엄호하고 지지하고 밤새 싸우던 노동자들도 투쟁하는 근육을 키우고 있었다. 이제 검찰은 두려운 존재가 아니었다. 오수일은 이렇게 말했다.

"대검찰청에서는 두려우면서도 통쾌했어요. 검찰청 안에서 구호를 외친다고 생각하니까 속이 시원하죠. 대구 검찰청에 쳐들어가서 싸웠으니까, 무혐의 처분을 기소로 이끌고 1심 선고까지 받아서 제조업에서 징역형을 받아 낼 수 있었어요"

―

검찰이 아사히글라스 파견법 위반 혐의에 재기 수사 명

령을 받은 뒤에도 시간을 끌고 있는 동안 아사히지회는 '비정규직 이제 그만' 공동 투쟁에 합류해 투쟁 전선을 넓히기 시작했고, 공공연한 불법 파견 문제를 사회적으로 환기시켰다. 노동자들은 악착같이 투쟁해서 자기 손으로 직접 시곗바늘을 돌렸다. 그러는 사이 검찰도 아사히글라스를 파견법 위반으로 기소할 증거를 충분히 확보했다. 차헌호는 이렇게 말했다.

"김천지청에서 불기소했는데 그 사건을 다시 김천에 내려놓고 또 불기소하면 어떻게 할 거냐고, 누가 책임질 거냐고 내가 막 검사한테 소리 질렀어요. 그때는 우리가 이게 무엇이고 어떤 의미인지 잘 몰랐잖아요. 지나고 보니 우리 변호사도 그런 이야기를 하더라고요. 만약 그냥 기소만 하고 말면 그렇게 될 수도 있었지만, 재기 수사 명령은 또 다른 거라고요. 실제로 검사가 아사히글라스와 지티에스를 압수 수색 했죠. 검사가 방향을 새롭게 만들어서 공장 안에서 현장 검증을 하루 종일 했죠. 다른 데는 현장 검증은 주로 판사만 하지 검사가 들어가서 하는 경우가 잘 없거든요."

시간이 마냥 흐르기만 한 것은 아니었다. 검찰 태도도 달라져 있었다. 검찰이 심문하는 내용이 달랐다. 재기 수사 명령을 받고 칼을 빼 들자 질문은 훨씬 날카로워졌다.

"머리털 나고 처음으로 12시간 조사를 받아 봤어요. 12시간씩 수사는 대형 사건이나 큰일을 한 사람이나 받는 줄 알았죠. 내가 아침 9시에 들어가서 밤 12시까지 검찰 수사를 받을 줄은 생각도 못 했어요."

차헌호는 피고인 신분이 아니라 검찰 쪽 증거력을 뒷받침할 참고인 자격으로 장석우 변호사하고 함께 조사를 받았다. 피고인이 된 사용자 쪽도 참석해 같이 진행한 대질 심문을 12시간이나 받았다. 검찰이 기소하려고 하는 질문이라고 예감한 덕분에 차헌호는 기운이 났지만, 피고인 신분으로 나온 지티에스 사장과 관리자는 사정이 달랐다.

"그날 장석우 변호사가 기소 간다는 눈빛을 보내더라고요. 질문이 달라졌기 때문에 알 수 있었죠. 검찰이 이렇다는 걸 배우는 계기도 됐어요. 검찰의 칼은 우리가 상상하는 이상인 듯했어요. 불기소할 때는 칼집에서 칼을 안 꺼내고 질문을 했다면, 그날은 진짜 칼을 꺼내 질문했죠. 답변하면 답변 자체가 그냥 불법 파견이 되는 거예요. 질문이 그렇다니까요. 준비된 질문, 이미 다 확인해 놓고 왜 이렇게 했습니까 하는 식. 검찰은 마음을 먹으면 완전히 달라졌죠."

노동부가 밝혀낸 증거 자료 5000쪽에 더해 검찰이 지티에스 사장과 관리자들을 수사하고 아사히글라스 관리자들까지 매일 조사하면서 아사히글라스 파견법 위반 혐의를 입증할 만한 자료가 산더미처럼 쌓여 갔다.

"노동부 자료를 보니까 근로감독관이 앞부분에 한 질문이 뭐냐면요, 월급이 얼마인가예요. 지티에스 사장이 '월

1000만 원입니다'라고 하고, 하청 부장은 '월 500만 원입니다'라고 해요. 하청 부장은 맨날 사무실에서 잠이나 자고 밖에서 아사히글라스 직원들하고 술 마시러 다녔는데, 새끼들 놀고먹으면서 많이 받았다는 생각도 들더라고요."

차헌호는 최저 임금만 받으면서 일했다. 최저 임금은 상승하는데 아사히글라스에서는 임금이 깎이는 희한한 일이 벌어졌다. 연간 550퍼센트 받던 상여금도 서서히 깎였다. 상여금을 분할해 월급에 합치는 방식으로 지급하면서 최저 임금 수준에 머물게 되기까지 그리 오래 걸리지 않았다. 노동자들에게는 임금 한 푼 올려 주지 않아도 지티에스 사장과 관리자가 큰돈을 받는 모습을 보면 파견은 '사람 장사'로 이윤을 남기는 데 근본 문제가 있다고 차헌호는 새삼 느꼈다. 중간 착취를 양심에 거리낌 없이 할 수 있게 만든다고 생각했다.

―

대구지방검찰청 점거 농성을 하고 경찰에 연행된 뒤 유치장에서 나오니 해가 바뀌었다. 결국 검찰도 기소 여부를 결정해야 할 때가 다가왔다.

2019년 2월 13일이었다. 차헌호는 대검찰청으로 향했다. 텔레비전에서나 보던 곳, 검찰들이 언론 브리핑할 때 배경에 '대한민국 검찰'이라고 적혀 있는 곳이었다. 그러나 차헌호에게는 검찰의 뜻을 뒤집으러 가는 곳이었다. 애초에 검찰은 불기소 처분을 내린 뒤에 다시 기소하겠다는 의지를 내보였다. 그러니 대검찰청 수사심의위원회는 검찰의 뜻을 뒤집는 장소가 됐다.

검찰수사심의위원회는 수사와 기소에 이르는 모든 과정에서 외부 전문가에게 심의를 받아 중립성을 확보하려는 제도로, 검찰 자체 개혁의 하나로 2018년 1월에 도입된 제도다. 그날 아사히글라스 사건 말고도 기아차 파업 업무방해 피소 사건, 안태근 전 법무부 검찰국장 서지현 검사 인사 보복 사건, 강남훈 전 홈앤쇼핑 대표 횡령 사건, 제천 화재 참사 사건 등 네 건을 더 심의할 예정이었다.

"수사심의위원회에서 10 대 5로 결정이 났다고 들었어요. 다섯은 무조건 노조를 반대하는 것 같아. 날카로운 질문을 하는 놈도 있었거든요. '제조업 공장에 파견 제도 자체가 합법 파견이 있다고 생각하십니까'라고 질문을 하더라고요."

심의에 참석한 보수적인 위원이 한 질문에 장석우 변호사는 당황하는 눈치였다. 바로 옆에 있던 금속노조 법률원장이 마이크를 잡았다.

"제가 말씀드리겠습니다. 합법 파견이 있다고 생각합니다. 원청보다 기술이 뛰어난 하청 업체들이 합법적인 파견을 하면 원청도 하청도 서로 훨씬 더 효과적으로 운영합니다."

보수적인 위원들의 불쾌한 속내를 드러내고 트집을 잡을 수 없게 금속노조 소속 변호사가 입맛에 맞는 대답을 했다. 수사심의위원회가 끝나고 나오는 길에 차헌호 귀에 대고 그 변호사는 이렇게 말했다.

"합법적인 파견이 어디 있나요? 다 불법이지. 합법 파견은 없습니다."

차헌호는 수사심의위원회에서 아사히글라스 불법 파견 기소를 반대한 다섯 명은 무조건 노조를 반대하는 사람이라고 여겼다. 다섯 명이 다른 표에 영향을 미치지 않게 재치와 순발력을 발휘한 변호사를 자랑스러워했다.

"원래 제조업은 파견 금지가 돼 있거든요. 그런데 실제로는 시스템을 구축하면 허용할 수 있죠. 그게 도급이잖아요. 위원들은 우리더러 제조업에서 도급, 파견 자체가 불가능하다고 생각하는 집단 아니냐고 물어본 거예요. 실제로 (우리는) 그렇게 생각하거든요. 그런데 거기서 진실을 얘기하느냐 하는 문제에 봉착하게 만들었어요. 나쁜 놈이 질문한 거죠."

2019년, 해고된 지 3년 반 만에 결국 검찰도 기소를 결정했다. 차헌호는 대검찰청에서 열리는 수사심의위원회에 참석한 뒤 구미로 내려오는 기차에서 검찰이 기소한다는 소식을 전해 들었다. 그날 일을 페이스북에 이렇게 적었다.

2019년 2월 13일, 평생 잊을 수 없는 날이다. 대검찰청 수사심의위원회가 아사히글라스 불법 파견 기소 권고를 결정한 날이다. 구미로 내려오는 기차에서 기소됐다고 전화를 받고 눈물이 주욱 흘렀다. 3년 8개월 만에 아사히글라스를 법정에 세웠다. 1년이 흘렀다. 아사히글라스 일본 사장은 법정에 한 번도 서지 않았다. 김앤장은 '사장은 아사히글라스를 그만두고 일본에 귀국해서 소재지 파악이 안 됩니다'라고 했다. 황당했다. 사장은 바뀌었고, 새로운 사장은 법정에 설 일이 없었다. 김앤장은 법정에서 1만 페이지가 넘는 검찰의 증거 자료를 대부분 부동의했다. 아주 많은 증인 신문이 천천히 이뤄지고 있다. 김앤장은 안전과 품질을 위해서 원청이 직접 검수권을 행사했다며 허접한 논리를 펼쳤다.

'6년이 아니라 60년도 싸워 주마 아사히!' 정진희 동지가 보낸 문장이 우리의 심정이다. 도로에 라카를 칠했다고 도로를 갈아엎고 5200만 원 손배 청구, 김앤장의 허접한 짓거리에 재판을 맡은 판사도 웃었다.

사건을 도맡았던 판사 출신 김앤장 변호사는 얼마 전 법정에서 판사에게 허리를 조아리며 변호사가 바뀔 거라고 말했다. 아사히글라스 이사 김재근은 재판 전에 법원 앞에서 김앤장 변호사가 청하는 악수를 거부했다. 수가 틀린 모양이다. 지질한 놈들아. 사이좋게 지내라.

검찰은 수사심의위원회가 한 권고를 따라 며칠 뒤 아사히글라스를 기소했다. 차헌호는 아사히지회가 검찰을 상대로 벌인 투쟁이 지닌 의미를 이렇게 정리했다.

"검찰이 불기소한 걸 저희가 싸워서 기소하게 했다는 점에서 큰 의미가 있습니다. 그런데다 보통 불법 파견은 기소해도 벌금형인데 저희는 징역형까지 선고하게 했잖아요. 순전히 노동자들의 투쟁이 있어서 가능했다고 확신합니다. 한국 사회에서 불법 파견 문제가 불거진 지 23년이 흘렀는데도 대부분 불기소한 거죠. 이제껏 현대, 기아 중심으로 불법 파견 투쟁이 오랫동안 지속됐는데, 계속 불기소 처분을 하다가 근래에 와서야 기소 처분을 하고 있어요. 징역형 처벌은 제조업에서 23년 만에 처음으로 내렸다는 거죠. 그런 점에서 아사히 비정규직 투쟁은 소수의 노동자가 싸웠는데도 징역형을 받게 할 만큼 파견법 위반이 중범죄임을 사법부가 인정하게 했다는 데 굉장히 큰 의미가 있다고 생각합니다. 정규직 전환이 중요한 게 아니라, 파견법을 위반한 것을 제대로 처벌받게 만드는 것도 대단히 중요한 일인 거죠."

불법 파견이 검찰 기소로 이어지지 않는 현실도 문제이지만, 불법 파견이 인정돼도 온전한 정규직으로 전환되지 못하는 사례가 허다하다. 노동자 권리가 법적으로 보호받지 못하기 때문에 경력이 깡그리 무시되는 신규 특별 채용 방식이나 자회사를 만들어 여전히 원청의 책임이 모호한 고용 형태로 전환되는 사례도 많았다. 그래서 차헌호가 볼 때 아사히글라스를 상대로 형사 책임을 묻는 일은 정규직으로 가는 한 과정이다. 노조가 있어도 권리를 온전히 지키기 어렵지만, 노조가 없어서 권리인지도 모른 채 중간 착취를 당하고 불안정 노동에 시달리며 하루하루를 힘겹게 살아가는 노동자가 여전히 많다. 아사히지회가 벌인 투쟁이 성과를 거둬 아사히글라스가 파견법 위반으로 형사 처벌을 받게 해 그런 이들에게 실낱같은 희망이 될 수 있기를 바랄 뿐이었다.

징벌 조끼 벗고 금속노조 조끼 입고

"그냥 물건을 찍어 내듯이 재판을 생산하는 거예요."

"수사심의위원회에서 나쁜 놈이 질문할 때 순발력과 재치를 발휘했던 변호사가 그러더라고요. 판사가 현장 검증을 하러 아사히글라스 공장에 와서 순회할 때도 우리더러 계속 판사 뒤에 붙어 있으라고요. 사측도 오고 우리도 오니까 한 스무 명이 움직일 거잖아요. 거기서 밀리지 말고 판사 옆에 딱 붙어서 계속 얘기하라는 거죠. '단순 반복 작업이다'라고 끊임없이 말하는 거죠. '이 작업은 작업자가 이렇게 계속 단순 반복하는 작업입니다.' 판사도 인간이기에 계속 주입시켜야 한다고 얘기했어요. 그 변호사는 금속 안에서 활동가도 따라가기 힘든 정도의 수준을 갖췄죠. 굉장히 훌륭해요. 불법이라도 이겨야 한다. 재판 정의가 없다고 말하더라고요."

근로자 지위 확인 소송은 2017년 7월에 시작됐다. 그러나 형사 재판은 1년 반이라는 시간을 더 기다려야 했다. 그 사이 재판부가 아사히글라스 공장 현장 검증을 시작했다. 차헌호는 민형사 재판이 시작되고 세 번이나 공장에 들어갈 수 있었다.

"우리도 4년 만에 공장에 들어갔으니 엄청 기대했죠. 공장에서 일할 때 경험했지만, 외부에서 누가 온다고 하면 바닥 청소를 막 시키고 기계도 막 닦아요. 그런데 정작 외부 인사들이 오면 하청 노동자들은 나오지 말라고 했거든요. 우리가 보여서는 안 될 사람도 아닌데, 안 보이고 싶은 거죠. 회사가 예전에 그렇게 했었어요. 그러니 우리가 현장 검증을 갔을 때도 일단 하청 업체 사람들이 있지만 안 보였고, 일하는 사람과 지게차 타고 다니는 사람 소수만 있었어요. 청소를 엄청 했다는 걸 느낄 수 있었고요."

차헌호는 공장 안 저 먼 곳에서 누가 이 광경을 지켜보고 있다고 느꼈다. 그 노동자들은 판사를 대동해서 들어오는 이들이 한때 아사히글라스 공장에서 일한 비정규직 노동자라는 사실을 알고 있다는 듯 먼발치에서 지켜봤다.

근로자 지위 확인 소송 1심 때 판사, 회사 쪽과 노동자 쪽 당사자, 양쪽 변호사들이 같이 현장 검증을 하기 위해 공장을 돌아봤다. 아사히글라스를 파견법 위반으로 기소한 검찰도 직접 공장에 방문해 현장 검증을 했다. 아사히지회는 2차 현장 검증을 하기 위해 공장에 들어갈 수 있었다. 검찰 쪽 참고인 자격으로 검찰하고 함께 공장에 들어갔다. 이번만큼은 현장 검증을 하면서 노동자와 검찰이 한편이 된 셈이다.

"회사는 판사가 들어갈 때보다 검사가 들어갈 때 훨씬 더 긴장하죠. 준비도 많이 했던 것 같아요. 그때 검사가 더 무서운 존재라는 것도 알게 된 거고요. 같이 들어가서 저희가 설명을 했죠. 여기서는 어떻게 일했고, 우리는 무슨 일을 했다. 일하는 곳마다 설명했어요. 그럼 아사히글라스 측 김앤장이 또 반대 이야기를 하고, 그럼 제가 거짓말한다고 반박하고 그랬죠."

―

 차헌호가 현장 검증을 하러 공장에 들어가니 지티에스에서 담당한 콜드 공정 생산 라인은 그대로 있었다. 정규직이 일하고 지티에스라는 하청 업체가 사라진 점만 달라졌다. 그래서 검사도 판사도 지티에스 하청 업체는 위장 도급이라고 판단할 수 있었다.

 "정규직 일하는 거랑 도급 줄 때랑 달라야 하잖아요. 그날 뭐가 다르냐고 물었죠. 지금 다른 게 있냐고 묻는 데는 이유가 있는 거였죠."

 3차 현장 검증은 민사 소송 2심 때였다.

 "세 번째 현장 검증에 들어가는 날이 제일 재미있었어요. 우리도 여러 번 현장 검증을 하니까 좀 만만해졌나 봐요. 세 번째 들어갈 때는 노조 조끼를 입고 들어간 거예요. 여기가 유리 공장이라서 외부 사람들이 오면 작업복으로 갈아입어야 해요. 그리고 모자도 써야 하거든요. 첫 번째와 두 번째는 우리도 (회사가) 그냥 주는 대로 다 따라 한 거고, 세 번째는 외부인들한테 주는 작업복을 갈아입고 안전화 신고 모자 쓰고 나서 종섭이 형이 작업복 위에 금속 노조 조끼를 입었어요. 우리도 그냥 다 같이 입었죠. 만약 그 자리에서 아사히글라스 관리자가 노조 조끼를 입으면 안 된다고 하면서 판사한테 얘기해서 판사가 안 그랬으면 좋겠다고 하면 우리도 어쩔 수 없이 판사 말을 들어야 했겠지만, 아무도 말을 안 했어요."

아사히지회가 낸 근로자 지위 확인 소송은 1심에서 이기고 2심을 다투고 있을 정도로 세월이 흘렀다. 노동자들이 해고된 자리에서는 낯선 정규직 노동자들이 일하고 있었고, 관리자들도 꽤 많이 바뀐 상태였다. 수년 전 공장 정문에서 대치하며 욕하고 얼굴을 붉히던 관리자들이 더는 보이지 않았다. 새로 들어온 직원들은 아사히지회 조합원들의 시선을 피했다. 수년 동안 공장 밖에서 투쟁하는 노동자들 소식을 공장 안에서 모를 리 없었다. 재판은 시간을 끌고 있지만 투쟁을 통해 아사히글라스가 저지른 불법파견을 밝혀낸 사실을 알기 때문에 범접하지 못할지도 몰랐다. 차헌호는 아사히글라스 직원들이 자기들을 아주 조심스러워한다고 느꼈다.

임종섭은 세정 라인에서 단도리 업무를 했다. 발판을 사용하지 않고서 팰릿을 밟은 채 작업한다며 현장 관리자가 일주일 동안 빨간 조끼를 입힌 적이 있었다. 자존심이 뭉개지고 인간적 모욕과 무시를 당한 공장이었다. 시간이 흐른다고 그런 상처가 씻겨지지는 않겠지만, 몇 년 만에 공장에 들어간 임종섭은 '세상을 바꾸는 아사히비정규직지회'라고 적은 금속노조 조끼를 입었다. 징벌용 빨간 조끼보다 눈에 더 확 띄었다. 현장을 바꾸겠다는 의지를 담아 의식적으로 입은 조끼냐고 물으니 늘 입던 옷이라고 말했다.

"우리가 스무 명에서 서른 명 정도 공장 안에 몰려다니니까 멀리서 우리를 보는 거예요. 우리가 어느 기계 앞에서 얘기를 하면 그 기계에서 일하는 사람들은 가까이에서 볼 수 있죠. 옛날에 우리가 일했던 기계는 지금 새로운 정규직 원들이 일하고 있는데, 하청 업체는 멀리 있어요. 잘 안 보여요. 웬만하면 우리가 다니는 동선으로 다니지 말라고 하겠죠. 그런데 멀리서 우리를 보고 있더라고요."

공장에는 지티에스 말고도 두 업체가 더 있었다. 차헌호가 노조를 준비할 때 젊은 사람이 많은 지티에스는 노조를 만들면 같이하겠다고 했지만, 선뜻 합류하지 못하고 주춤거리던 우영과 건호가 여전히 공장 안에 남아 있었다. 두 업체 소속 노동자들은 아사히지회가 집단 해고를 당하는 모습을 지켜보고 지금까지 투쟁하는 과정도 지켜본 만큼 불법 파견 관련 수사도 지켜보고 있을 듯했다. 아사히지회가 과연 공장에 다시 돌아올 수 있을지 관심이 많았지만, 노조를 하면 해고당할지도 모른다는 불안감도 컸다. 그래서 쉽사리 행동하지 못하고 지켜만 보던 하청 노동자 130여 명도 결국 2023년 12월 말로 모두 해고되고 말았다. 우영과 건호는 2023년 12월 말 하도급 계약을 해지당한 뒤 폐업했다.

—

"현장을 검증하면 회사 측하고 우리가 생산 라인을 설

명하거든요. 회사 측 설명을 해 주는 사람이 누구냐면 민사 소송 할 때 회사 측 증인 심문에 나왔던 사람이에요. 그러니까 현장 검증하면서 설명할 때마다 회사의 입장에서 설명하더라고요. 시작하자마자 계속 그래서 우리 변호사가 문제 제기를 했어요. 그래도 그 사람의 역할이 회사 입장을 대변하는 거니까 계속한 거겠죠. 우리 변호사가 마지막에 한 번 세게 박자고 하더라고요."

그 사람은 재판에서 거짓 증언을 한 증인이었다. 재판장은 몰라도 아사히지회는 알 수 있었다. 한 번은 차헌호가 목에 힘을 주고 문제를 제기했다.

"아니 설비가 어떻게 가동되는지 설명해야 하는데 그걸 회사만 유리하게 설명하는 게 말이 되나, 이런 현장 검증이 어디 있냐고 제가 막 화를 내면서 세게 이야기했어요."

사사건건 문제를 제기하면 판사가 귀담아듣지 않겠다고 생각한 차헌호는 현장을 한창 돌아보고 나서 이야기를 꺼냈다. 거의 현장 검증을 마칠 때쯤 돼서 굵직하게 문제를 제기해야겠다고 생각했다. 그래야 판사도 아사히지회 쪽 의견에 무게를 싣게 된다고 판단했다. 그러고도 공장 안을 돌아볼 곳이 두 군데나 남아 있었다. 그때부터 시작이었다. 아사히글라스 직원이 너무 긴장한 모양이었다. 말할 때마다 손을 떨기 시작했다. 회사 쪽 변호사가 원청과 하청이 분리된 사실을 증명하기 위해서 정규직과 비정규직이 이용하는 길이 다르다는 식으로 설명했다. 차헌호가 볼 때는 정규직 탈의실과 비정규직 탈의실로 가는 방향이 서로 달라서 갈라져 있을 뿐이었는데, 아사히글라스 직원은 마치 업무를 분리한 근거라도 된다는 듯 손을 벌벌 떨면서 낮은 목소리로 설명했다. 보다 못한 차헌호가 마지막에 불같이 화를 냈다.

"무슨 말도 안 되는 소리를 하냐고 했어요. 실제로 정규직은 저쪽으로 많이 다니고 우리는 이쪽으로 많이 다니는 건 맞지만 정규직이 이쪽으로 아예 안 다니는 건 아니지 않냐고요. 당연히 옷장이 저쪽에 있으니 정규직은 저쪽으로 다니는 거고 비정규직 옷장은 여기 있으니까 이쪽으로 다니는 거죠. 정규직이 이쪽으로 아예 안 다니는 건 아니지 않냐고 하니까 그 사람이 덜덜 떨면서 맞다고 하더라고요."

2022년 4월 봄날에 아사히글라스 공장에서 벌어진 우스운 광경이었다. 거짓말이 들통날 때마다 피노키오의 코가 한 뼘씩 길어지듯이 아사히글라스 직원은 손을 떨고 있었다. 차헌호는 아사히글라스가 꾸민 거짓 증언을 반전시킬 절호의 기회를 기다렸다.

"변호사와 계속 자잘하게 하기보다는 나중에 모아서 한 방에 세게 하자고 의논했었어요. 이게 타이밍도 잘 잡아야 하는데요, 또 세 번이나 해 보니까 어떻게 주도력을 발휘하고 분위기를 반전시킬지에 대한 노하우가 생기는 것 같더라고요."

—

 해고된 지 4년 만이었다. 2019년 8월 23일에 근로자 지위 확인 소송 1심 결과가 나왔다. 재판부가 아사히글라스는 해고 노동자들의 고용 의사를 표시하라고 했다. 말하자면 아사히글라스가 직접 고용해야 한다고 노동자들 손을 들어 줬다. 그렇지만 아사히글라스는 항소했고, 재판부는 또 시간을 끌었다. 시간을 끄는 만큼 정규직 지위에서 받을 수 있던 임금 상당액도 커지기는 했지만, 해고 기간이 길어지는 만큼 가정은 불안해지고 생활은 어려워질 수밖에 없었다. 아사히글라스가 불복하면서 재판은 또 많은 시간을 잡아먹는 블랙홀이 됐다.

 또 2년이나 지난 2021년 8월 11일에 불법 파견 형사 재판 1심 결과가 나왔다. 바라고 바라던 대로 아사히글라스 전 일본 사장 히라노 다케시는 징역 6월에 집행 유예 2년을 선고받았다. 재판부는 아사히글라스 법인에 벌금 1500만 원을 선고했다. 하청 업체 지티에스 대표는 징역 4월에 집행유예 2년을 선고받았고, 지티에스 법인은 벌금 300만 원을 선고받았다. 해고된 지 6년 만이었다. 기나긴 기다림 끝에 맞은 결과치고는 앙상했지만, 차헌호가 말한 대로 파견법 위반이 징역형을 받을 만큼 중대 범죄라는 사실을 사회적으로 환기한 계기였다. 그 정도로 차헌호는 마음을 조금 달래야 했다. 오수일은 터무니없이 낮은 검사 구형부터 문제라고 지적했다.

"너무 아쉬운 건 우리가 지난 3년 동안 무혐의 처분한 걸 검찰 투쟁 해서 어렵게 기소로 만들었잖아요. 검찰도 무려 1년 정도 수사했어요. 검사의 의지가 굉장히 강해 보이더라고요. 우리가 검사와 면담을 할 때 검사가 한 말이 기억에 남아요. 이 사건은 대법원까지 갑니다. 쉽게 할 게 아니라고 하더라고요. 완벽하게 해야 한다고 말했단 말이에요. 저는 그 말을 믿었어요. 그리고 검사도 압수 수색을 하고 공장 현장 검증도 했으니까 저는 아무리 못해도 검사 구형이 진짜 2년은 나올 거라고 생각했어요. 아니 1년 이상은 나올 줄 알았어요. 그랬는데 마지막에 구형이 일본 사장 징역 6월, 하청 사장 징역 4월이라는데, 아쉽더라고요. 갑자기 화가 팍 나더라고요."

검찰이 빼 든 칼이 아무리 날카롭다고 해도 자본의 이해관계를 잘라 낼 만큼 날카롭지는 못한 듯했다. 송동주는 말로만 듣던 자본주의 착취 사회와 억압 사회를 한층 더 깊게 들여다봤다.

"자본주의라고 하잖아요. 법률 투쟁을 하면서 (사법부의) 정치적 판단이 자본 쪽으로 굉장히 쏠려 있다고 느꼈어요. 판결도 그렇고. 일례로 우리가 회사를 고소한 건 두 건이고 처벌하라고 한 건 한 건이란 말이에요. 회사가 우리를 고소한 건은 거의 스무 건이 되거든요. 그것만 봐도 말이 되나 싶잖아요. 거기다 저희는 이 한 건(불법 파견)이 결정되기까지 몇 년째 이러고 있는데, 그동안 회사가 고소한 스무 건으로 엄청 두들겨 맞았어요. 이게 과연 공정한 거냐, 상식적으로 맞는 거냐고 했을 때 너무 말이 안 되는 상황이었고, 너무 한쪽으로 쏠려 있다는 생각이 들어요."

아사히글라스는 원청 직원과 경비 용역을 앞장세워 해고 노동자들하고 충돌하게 했다. 대형 로펌을 앞세워 해고 노동자들을 공동 주거 침입, 업무 방해, 상해, 모욕 등 온갖 죄목을 붙여 고소하고 고발했고, 몇 년 동안 형사 재판을 열어 괴롭혔다. 공장 앞에 천막 농성장을 짓고 현수막을 걸어 부당 해고 철회를 요구하며 싸우는 비정규직 노동자들에게는 '불법 시설물 설치 금지 가처분 신청'을 했다. 간접 강제금을 부과하겠다며 돈으로 노동자들을 때렸다. 행정 대집행으로 천막 농성장이 철거된 국가 폭력 또한 씻지 못할 상처였다. 공무 집행 방해와 공용물 손상 등 아사히지회를 노린 고소와 고발, 손배 가압류 협박이 끊이지 않았고, 노동자들은 수시로 법정에 불려 다녀야 했다. 유죄 판결이 계속되면서 노동자들은 전과가 쌓이고 벌금 액수도 커져만 갔다.

집회를 주최한 아사히지회도 집회 장소를 벗어난 점을 근거로 법정에 섰다. 2019년 6월에 열린 아사히글라스 공장 앞 집회에서 해고자들이 래커로 '아사히는 전범 기업', '복직', '법원 판결 이행', '비정규직 철폐' 같은 구호를 차도에 그리고 색칠한 행위 때문에 차헌호는 징역형을 받고 조합원들은 벌금형을 받았다.

집회에 연대한 케이씨씨지회 조합원과 간디학교 학생들까지 고소와 고발을 당했다. 아사히글라스는 형사 재판으로 성에 안 차는지 폭력 행위 등 처벌에 관한 법률(폭력행위처벌법)상 공동 재물 손괴죄를 적용해 래커로 글자를 쓴 도로를 까뒤집는 공사를 하는 데 든 5200만 원을 달라는 취지로 손해 배상 청구 소송을 진행했다. 아사히글라스가 하청 노동자들을 집단 해고한 뒤 파견법 위반 관련 1심 형사 재판 결과가 나올 때까지 송동주가 한 말처럼 노동자들은 아사히글라스 자본의 편에 선 법과 행정이 휘두르는 지팡이에 엄청나게 두들겨 맞으면서도 굴하지 않은 채 집요하게 국면을 뚫고 헤쳐 나왔다.

그렇게 노조를 만들고 해고된 지 6년 만에 아사히글라스가 처음으로 견해를 밝혔다. 차헌호를 배제하고 싶은 속내를 드러내지만 일은 아사히글라스 자본이 뜻한 대로 굴러가지 않았다. 2022년 7월 대구고등법원 민사 2심 또한 일본 자본 아사히글라스가 노동자를 직접 고용해야 할 의무가 있다는 1심 판결을 유지했다. 또 한 번의 승리였다.

아사히글라스가 20건도 넘는 고소 고발과 손배 가압류로 협박하는 동안 아사히지회는 딱 세 번 승리했다. 넘어야 할 산은 여전히 많고, 험했다. 산을 넘을 때마다 산 뒤에 산이 있다는 사실을 알게 되듯 사건과 사고는 끊이지 않고 싸움도 이어지고 있었다.

―

 이겼다는 기쁨도 잠깐뿐이었다. 이듬해인 2023년 2월 17일은 파견법 위반 형사 재판 2심 선고일이었다. 법정에 들어선 차헌호는 판사가 하는 행동이 어딘가 이상하다고 단박에 알아차렸다.

 "이상하다 생각했지. 이 새끼가 읽으면서 이상한 쪽으로 이야기를 자꾸 하는 거예요. 그러다 본인도 억지로 읽어. 속도감 있게 안 읽고 왜 뜨문뜨문 억지로 읽는 거 있잖아요. 다 쓰인 걸 읽는데도 진짜 불편해 보이더라고요. 작정하고 한 거죠. 그나마 다행인 건 무죄 판결이지만 내용이 부실하다는 거죠. 그냥 판사의 일탈 행위 정도로 결론 지어질 수 있어서 다행이고요. 물론 이후에 또 재판에 얼마나 영향을 미칠지는 봐야 하겠지만 판결문 자체가 너무 부실해요. 제일 큰 경험은 '아, 판사가 저렇게 해도 되는구나, 저 정도로 엉망으로 해도 되는구나'였어요."

 대구지방법원 제4형사부(이영화, 문채영, 김아영)는 아사히글라스가 파견법을 위반한 혐의에 관련해 1심을 파기하고 무죄를 선고했다. 판사가 판결을 내리자 법정이 술렁였다. 차헌호는 참지 않고 버럭 소리를 질렀다.

 "이게 말이 되냐, 앞에서 한 재판은 뭐냐고. 앞에서 했던 재판 네 개가 잘못됐나? 재판 이따위로 할 거냐?"

 아사히지회 조합원들은 분노했다. 재판을 방청하러 온

노동자들도 선고를 듣고 귀를 의심했다. 곧 법정은 항의 때문에 소란이 일었고, 법원 직원들은 노동자들을 법정에서 쫓아내느라 바빴다. 판사는 법정이 소란해도 한마디 말도 하지 않은 채 가만히 지켜보고만 있었다.

"그날따라 재판정이 꽉 찼어요. 앞뒤로 재판이 많더라고요. 민주노총 조합원 말고도 일반 시민들이 많았어요. 신기한 건 판사가 쳐다만 보고 말을 한마디 안 하더라고요. 내가 소리를 지르는데도 판사는 가만히 보고 있어요. 보통 재판하면서 항의하고 시끄럽게 하면 판사들이 대부분 조용히 하라고, 조치를 취하겠다고 하잖아요. 그런데 한마디도 안 해요. 그 새끼도 뭐 걸리는 게 있으니까 그렇겠죠."

차헌호는 형량이 낮아질까 봐 조금 걱정은 해도 무죄 판결은 생각하지 못한 일이라 충격이 작지 않았다. 거기에다 아사히글라스에 무죄를 선고한 판사 중 한 명은 대형 로펌인 태평양 출신이었다. 태평양이 아사히글라스 관련 민형사 재판을 변호하고 있는 만큼 사법 비리 의혹이 불거지고 질타하는 목소리도 커질 수밖에 없었다. 결국 검사가 한 말대로 사건은 대법원까지 올라갔다. 차헌호는 그날 재판은 '불량 재판'이라고 신랄하게 비판했다.

"재판은 우리 사회 질서를 바로 세우기 위함이 아니라 공장에서 물건 찍듯이 그냥 재판장이 판결을 찍어 내고 있는 거예요. 그러니 수십 개의 물건을 찍어 내듯이 하잖아요. 판사 중에 굉장히 성의 없이 재판하는 걸 여러 번 봤어요. 대구에서 재판하는 걸 봤는데, 판사가 피고의 얼굴도 안 보더라고요. 그냥 서류만 보고 진행하는 거죠. 그냥 물건을 찍어내듯이 재판을 생산하는 거예요. 생산 라인에서 일하는 노동자들하고 판사하고 하나도 다르지 않아요. 이 판결 하나에 그 사람들의 삶이 왔다 갔다 하는데도 야들은 그냥 빨리빨리 처리하고 마는 거예요. 거기다 인맥, 돈 이런 걸로 로비해서 판결하는 게 눈에 보이니까 다 불량 판결인 거죠. 막 하는 거죠."

불량 판결을 내린 판사를 다룰 방법은 별로 없다. 잘못을 바로잡을 방법을 찾기가 어렵다. 국회가 탄핵 소추안을 발의할 수 있다고는 하지만 대부분 그저 판사가 내리는 불량 판결에 따를 도리밖에 없는 불합리하고 부당하며 이상한 대한민국 법 제도를 차헌호는 지적했다. 차헌호도 재판을 오래 경험하면서 하나 배웠다.

"이상한 판사 놈을 만나서 불량 재판을 하는 걸 맞닥뜨렸을 때, 현실에서 우리가 할 수 있는 가장 효율적인 건 기자한테 재판 전 과정을 기사화시켜 달라고 부탁하는 거예요. 그게 지금 우리가 할 수 있는 유일한 수단 같아요. 돈도 없고 빽도 없는 사람들이 할 수 있는 방법이 별로 없어요. 판사 잘못 만나면 자기 마음대로 재판하는 거죠."

돈도 없고 백도 없는 사람들이 하는 이야기에 언론은 귀를 기울여 줄까? 그것도 의문스럽기는 매한가지라 근본적 해결책이 되기 어렵지만, 문제를 문제로 만들려는 노력 없이 해결될 수 있는 일은 없는 법이다. 세상을 바꾸기 위해 노동자가 투쟁하는 이유가 또 하나 늘어난 셈이다.

연대가 바꾸는 삶

"우리가 제일 앞에 앉아서 김용균 어머니 발언을 듣고 있으면, 막 눈물이 나고요."

벌써 7년이다. 문자 한 통으로 해고된 아사히지회에 비정규직 노동자들이 7년간 벌인 투쟁은 불법 파견 문제가 결코 가볍지 않은 사회적 범죄라는 사실을 증명한 세월의 흔적이다. 오수일은 한국 사회가 파견법 위반을 범법 행위로 보지 않는다는 생각밖에 들지 않는다고 했다. 지난 7년 내내 기업뿐 아니라 사법부도 노동자 해고를 심각하게 여기지 않는다고 느꼈다.

"하루아침에 직장을 잃고 해고되고 나서 소송하고 판결문을 받기까지 그 시간 동안 고통을 겪어야 해요. 정규직을 써야 하는데도 불법적으로 비정규직을 쓰고 노동자의 임금 절반을 가로채서 이익을 본 거잖아요. 그동안 기업은 어마어마한 돈을 벌었는데 말이죠. 훨씬 더 많은 벌금을 내게 하든 아니면 형벌을 살게 하든, 이런 정도는 돼야 이런 짓을 다시는 안 하겠죠. 그게 가장 합당한 게 아닐까 생각합니다. 몇 년간 몇백 억을 벌었는데, 일이 천만 원 벌금을 낸다고 잡힐까 하는 생각이 들어요. 몇 백 억 정도 때려줘야 그런 짓을 안 하겠죠."

증거는 차고 넘쳤다. 차헌호는 고용노동부가 조사한 아사히글라스 불법 파견 자료가 5000쪽인데 검찰 수사 자료까지 합하면 1만 쪽이라고 자랑스러워했다. 그렇지만 아사히글라스의 법정 대리인인 김앤장은 시간 끌기 선수였고, 재판부는 회사가 제출하는 재판 지연 사유를 오롯이 받아 줬다. 재판에 참석하면 화가 치밀어 오른다는 오수일도 7년이라는 짧지 않은 시간 동안 불법 파견 재판을 경험하면서 나름대로 문제를 진단하고 해법을 생각했다.

그러다 또 다른 사건이 터졌다. 2017년 8월 말에 아사히글라스 파견법 위반 사건을 기소 의견으로 송치하고 내린 시정 조치를 아사히글라스가 이행하지 않아 같은 해 11월 구미고용노동지청은 과태료 17억 8000만 원을 부과했다. 아사히글라스는 행정 소송을 제기했다. 4년이 지난 2021년 11월, 법원은 아사히글라스가 납부해야 할 과태료 17억 8000만 원을 취소했다. 검찰도 항고하지 않아서 법원이 내린 결정이 그대로 확정됐다. 아사히지회는 뒤늦게 재판 결과를 접했다. 오수일은 검사를 만난 자리에서 따졌다.

"얼마 전에 과태료 재판을 검사가 왜 항고 안 했냐고 하니까 일하는 근로자를 위해서 경영상의 불이익이 가면 안 된다고 답하는 거예요. 제가 하도 화가 나서 당신이 노무과장이냐고 막 따졌어요. 당신이 왜 회사 경영에 신경을 쓰냐, 당신은 불법인지 아닌지만 판단하면 되는 거 아니냐고 했죠. 검사가 그런 식으로 해명하는 걸 듣고 있으니 내가 미칠 것 같더라고요. 그럴 때 나도 한 번씩 이성을 잃을 수도 있겠다는 생각이 들더라고요."

송동주는 패소가 억울하지는 않았다. 말도 안 되는 판결문이 버젓이 세상에 나온 현실을 이해할 수 없었다. 그야말로 불량 재판에 불량 판결문이었다.

"판사가 자기의 존재 이유를 모르고 막 써 제끼는 것 같아요. 항고해야 할 검사는 오히려 대놓고 자본을 걱정해버렸잖아요. 직장 잃고 몇 년째 떠돌이 생활하고 있는 사람들도 있는데, 그 사람들은 신경 쓰지 않고 회사가 민사, 형사 다 패소했는데 벌금까지 맞으면 재정적으로 부담이라는 거죠. 너무 심하지 않나요? 제 귀가 의심스럽더라고요. 거꾸로 생각해서 저희가 민사 1심에서 졌어요. 만약에 해고돼서 재판했는데 저희가 정직원이 아니라고 패소했다면, 검사가 '아……해고된 기간 동안 억울했을 텐데 저희가 그럼 회사에 벌금이라도 때릴게요' 이러겠냐고요. 이거랑 똑같은 거잖아요. 죄가 있는데 처벌을 안 하는 거 하고 죄가 없는데도 처벌한다는 게 뭐가 다르겠어요. 똑같은 거죠. 야들이 지금 어디에 서 있는지 보이잖아요. 너무 선명하게 보여요."

분노가 치밀어오른다던 송동주는 한결 차분한 목소리로 말을 이어갔다. 가진 자를 편드는 사법부의 횡포를 숱하게 겪어 마음에 근육이 붙고 세상을 바라보는 눈은 한층 더 밝아진 듯했다. 이제는 자기가 느끼는 분노가 무엇인지 해석하고 설명할 수 있었다.

—

상식에 어긋나고 말도 안 되는 일만 벌어진다면 어떻게 이 긴 시간을 견딜 수 있을까. 자본과 자본을 위하는 공권력이 휘두르는 폭력에 얻어맞기만 한다면 맷집은 좋아질지 몰라도 세상을 바라보는 눈이 밝아지기는 어려울지도 모른다. 긴 싸움을 하는 동안 곁에 선 사람들이 있고 쓰러지지 않게 지탱해 준 연대가 있어서 아사히지회 노동자들은 세상을 조금 더 넓고 조금 더 크게 바라보는 밝은 눈을 가지게 됐다. 가장 먼저 곁에 다가와 힘이 돼 준 이들은 구미공단 제1호 입주 기업인 케이이씨 노동자들이었다. 금속노조 케이이씨지회는 아사히글라스에서 노동조합을 만드는 준비를 함께했다. 케이이씨지회 지회장 김성훈은 아사히지회 노동자들에게 자신감을 불어넣어 줬다. 하루 만에 구미시를 닦달해서 노조 설립신고증을 받아 들고 온 사람이기도 하다. 그때만 해도 현장에서 일하면서 노조를 할지 말지 고민하던 오수일은 케이이씨지회를 잘 몰랐다.

"우리 좋자고 노조를 만들었는데, 케이이씨지회가 후원도 해 주고 집회 때 참석도 해 주고 천막 농성장에서 농성도 같이해 주는 거예요. 그때는 이렇게 헌신적으로 하는 걸 이해 못 하니까 뭔가 있다는 생각이 머리를 떠돌아서 마음이 가다가도 멈칫하고 가다가도 멈칫했어요. 한 1년 동안 의심했던 것 같아요."

노조를 처음 접한 아사히 비정규직 노동자들에게 자기들을 돕고 연대하는 케이이씨지회는 현실 세계에서 보기 어려운 존재였다. 안진석도 케이이씨지회를 볼 때마다 머릿속에 물음표가 떠올랐다.

"나는 케이이씨지회가 연대 올 때마다 자기들한테 떨어지는 게 없는데 왜 왔지 싶었어요. 왜냐하면 우리가 복직하면 우리가 들어가는 거잖아요. '케이이씨지회는 뭐가 이득이지?' (집회에서 노래하거나 몸짓할 때) 공연비를 드리는 것도 아니었거든요. 그리고 더 놀란 점이 사회적파업기금에서 우리한테 침낭을 보내 줬을 때였어요. 저는 차헌호 지회장이 대출받아서 사 온 줄 알았거든요. 속으로 '이 사람이 어떻게 하려고 그러나. 나중에 나한테 돈 달라고 하면 모른 척해야지' 이러고 있었다니까요."

안진석은 해고된 뒤 투쟁 현장에 찾아오는 사람들을 만나면서 날마다 충격을 받았다. 자기가 살아온 세상에서는 한 번도 생각하지 못한 일들을 노조 활동을 하면서 겪게 됐다. 노조 하기 전에 안진석이 살던 비정규직 노동자의 삶은 그야말로 약육강식이 지배하는 살벌한 세상이었다. 노조를 하는 바람에 해고되면 더 살벌하게 살게 될 줄 알았는데, 오히려 알지 못하는 사람들에게서 따뜻한 관심을 받았다. 연대라는 이름으로 찾아오고 후원하는 사람들 덕분에 말랑말랑해지는 마음을 느꼈다. 알고 있던 세상을 떠나 새로운 세상으로 건너왔으니 충격이 이만저만 아니었다. 날마다 충격을 받고 달라진 안진석도 나중에는 남 일을 자기 일처럼 걱정하고 다가가서 곁을 지키는 삶을 자기 삶으로 여기는 사람이 돼 갔다.

케이이씨지회가 건네는 연대를 의심하던 오수일에게도

변화가 생겼다. 아사히지회가 연대 투쟁을 다니기 시작하면서 그랬다. 자기에게 닥친 불행이 세상에서 가장 크다고 도취해 있을 때였는데, 가는 곳마다 비정규직을 둘러싼 척박한 현실을 마주해야 했다. 자기가 겪고 있는 일을 다른 사람도 겪고 있어 심정을 이해할 수 있었다. 아사히지회 초창기 때 케이이씨지회가 건넨 연대가 자라나고 열매를 맺어 자기들도 다른 이들에게 도움을 주게 된다는 사실을 오수일이 알게 되는 데 그리 오랜 시간은 걸리지 않았다.

"케이이씨지회가 바라는 게 하나도 없다는 걸 알게 되고 미안했어요. 의심한 거 자체가 미안했어요. 그리고 너무 고마워서 저 사람들을 위해서라도 내가 꼭 이겨야겠다는 생각이 들더라고요. 솔직히 가족 중에도 믿어 주고 응원해 주는 사람이 드물잖아요. 그런데 지금까지 케이이씨지회뿐 아니라 전국에서 많은 동지가 시엠에스로 후원을 해 주셨잖아요. 만약 그런 게 없었더라면 우리가 존재할 수 있었을까? 연대가 진짜 필요하고 중요할 뿐 아니라 우리가 살아갈 수 있는 길이라고 생각해요. 함께 싸워야 한다는 게 되게 절실했어요. 우리는 소수였고, 아사히글라스 자본은 어마어마하잖아요."

—

정부서울청사 앞에서 이어 간 공동 투쟁은 오수일에게

노동자가 연대해 투쟁할 때 승리할 수 있다는 확신을 심어 줬다. 오수일은 노동자가 세를 더 확장해서 대규모로 투쟁하면 정부를 움직일 수 있겠다는 생각도 들었다. 그때부터 자기 공장만 바라보고 자기 문제만 해결하는 투쟁이 아니라 전체 노동자의 권리를 위한 요구를 건 투쟁을 해야 자기 문제도 해결할 수 있다는 신념이 생겼다.

"연대해야 한다는 생각을 엄청 했어요. 연대는 꼭 필요하다고요. 정말 비정규직이 너무 열악한데도 아무도 관심을 안 가져 줄 뿐 아니라 오히려 비정규직을 무시하는 경우도 많잖아요. 그래서 힘이 돼 줘야 한다고 생각했어요. 서로 힘을 내고 힘을 받기 위해서 연대해야 하고, 우리가 아직 살아 있다는 걸 느끼기 위해서 다닌 것 같아요."

오수일은 전국에 흩어진 투쟁 사업장을 찾아가고 만났다. 밑바닥 노동 현실을 봤다. 몹시 나쁘지만 그렇다고 힘들기만 한 상황은 아니었다. 노동하면서 얻는 앎이 주는 기쁨이 있었고, 투쟁하면서 느끼는 즐거움도 있었다. 현실에 분노해도 곁에 있는 동지를 보면서 희망을 찾았다. 아픈 현실을 피하지 않고 똑바로 마주 봤다.

"춘천에서 환경미화원 노동자들이 해고됐어요. 전부 연세가 많으시더라고요. 저희도 참 열악하다 싶지만, 나이 많은 어른들이 부당하게 해고되고 복직하겠다고 단식까지 하고 있는데, 나도 단식 투쟁을 해봤지만, 너무 안타까웠어요. 왜 나이가 들어서도 존중받지 못하고 비정규직으로 일하면서 이런 천한 취급을 받고 있는지. 마음속에 분노가 끓어오르고 가슴도 아프더라고요. 그런 기억이 많이 남아요."

오수일의 분노는 절망으로 끝나지 않았다. 노동자가 힘을 키워야 한다는 생각이 커졌다. 노동자의 힘은 단결에서 나온다. 싸우는 노동자들이 모여서 단결을 확대하는 방법을 찾고 싶었다. 연대밖에 없다고 오수일은 생각했다. 노동자가 연대할 때 희망도 커진다고 확신했다.

금속노조에 소속된 비정규직 노동자들이 모임을 시작한 뒤 공공운수노조와 특수 고용 노동자까지 판을 키워 공동 투쟁을 기획하자는 움직임이 일었다. 그렇게 흩어지지 않게 우리라도 싸우자고 한 이들이 모여서 '비정규직 이제 그만 공동투쟁'을 꾸렸다. '비정규직 이제 그만'은 비정규직 문제로 각자 흩어져 싸우지 말고 전체 노동자가 해결해야 할 공통 문제로 삼아 함께 해결하자는 의지를 갖고 두려움을 이겨 냈다. 힘없이 소외된 노동자는 소수이고 개별이지만 그 개별과 개별이 모여 커다란 덩치로 형상화한 계급이라는 이름으로 단결해서 불어넣어 준 자신감 덕분이었다.

차헌호는 '비정규직 이제 그만'이 일회성 시위에 그치지 않고 대정부 투쟁으로 이어지게 된 과정을 설명했다.

"그때 '비정규직 이제 그만'이 체계가 갖춰진 건 아니었지만 우리가 '대통령 만납시다'를 요구하면서 2박 3일, 4박

5일 노숙 농성을 하고 공동 투쟁을 한 거죠. 그날도 대통령을 만나러 가기 위해서 비정규직 노동자 100인과 대화를 요구하는 투쟁을 선포할 때, 태안화력발전소 담당하는 이태성 동지가 '오늘 새벽에 또 한 명의 동지가 죽었다'고 발표를 한 거예요. 그러고 나서 우리가 그 투쟁에 처음부터 결합했어요."

그날은 2018년 12월 11일이었다. 새벽 3시경 태안화력발전소에서 참사가 발생했다. 석탄 이송 컨베이어에서 현장 점검을 하려고 순찰 중이던 22세 청년 김용균 노동자가 기계에 끼어 숨진 채 발견됐다. 아사히지회는 그날 즉시 태안 장례식장으로 내려가 김용균과 유가족을 위로하고 지켰다. 김용균의 어머니 김미숙은 또 다른 비정규직 노동자들이 죽는 비극을 원하지 않는다며 산재 사망 진상 규명과 책임자 처벌을 요구하면서 싸움을 시작했다. 비정규직이 더는 일하다 죽지 않기를 바라며 싸우겠다는 김용균 노동자 유가족과 대책위는 투쟁 거점을 서울로 옮겼다. 아사히지회도 서울로 올라가서 김용균 투쟁에 집중했다.

"처음에는 집회하면 500명, 1000명 모이는데, 그냥 막 따라다니고 피켓 들어 주는 걸 했어요. 1박 2일, 2박 3일 결합하고 돌아오면 하루이틀은 잔상이 남더라고요. 우리가 제일 앞에 앉아서 김용균 어머니의 발언을 듣고 있으면, 막 눈물이 나고요. 워낙 말도 안 되는 상황이니까 그냥 싸워야 한다고 했죠. 힘을 모아서 집중해야 하는 거죠."

차헌호는 산업 재해 문제로 싸우는 유가족이 있어야 한다고 생각했다. 고용노동부가 발행하는 〈산업재해현황분석〉에 따르면 산재보험 적용 대상 노동자가 노동 재해로 사망한 사례만 연간 2000명이 넘었다. 산재보험이 적용되지 않는 사각지대 노동자까지 고려하면 사례는 더욱 늘어날 수밖에 없다. 특히 현실적으로 비정규직 노동자가 더 많은 위험을 떠안게 된다. 아침에 출근한 사람 중 다섯 명 이상이 집으로 돌아오지 못하고 있는데도, 일하던 노동자가 다치고 죽어도 누구 하나 책임지지 않고 재발 방지 대책도 세우지 않는 사회에서 우리는 살고 있다. 김용균 노동자의 유가족은 사망 원인을 밝히고 책임을 묻기 위해 싸워야 했다.

김용균 사망 책임자 처벌을 요구하는 싸움은 개인 문제가 아니었다. 기업에 중대 재해가 발생하면 기업이 책임져야 한다고 목소리가 높아졌다. 그렇게 하려면 잣대가 엄격한 법과 제도를 만들기 위해 싸워야 했다. 아사히지회도 줄곧 서울을 오가며 연대했다. 다른 한편에서는 김용균 투쟁을 하느라 우리 싸움이 뒷전으로 밀리고 있다고 느낀 조합원들 사이에서 불만이 제기되기도 했다. 서울은 멀었고, 오랜 투쟁에서 오는 정신적 피로가 김용균 투쟁이 지닌 의미보다 더 크게 다가올 때도 있었다. 오수일은 김용균 투쟁의 사회적 의미가 자기 문제로 와닿지 않아 의문이 든 적도 있다고 솔직한 심정을 이야기했다. 그렇지만 자기가 참여한 투쟁이 사회적으로 영향을 미친다는 사실을 깨달은 뒤 비로소 그런 투쟁이 지닌 의미가 자기 것으로 크게 다가왔다.

"우리 일을 다 제끼고 너무 열중하는 거 아닌가 하는, 질투 비슷한 걸 느낄 때도 있었어요. '비정규직 이제 그만'이 같이해서 젊은 친구의 죽음을 사회적으로 크게 확대시키는 것도 충격적이었고, 나 또한 산재 사망 사고로 이렇게 많은 사람이 죽는데도 신문에 기사 하나 나오지도 않는데 소수가 한목소리를 내면서 이렇게 이슈화시켜 내고 사회 문제로 만드는 과정은, 과연 이게 될까 싶었지만요. 지금 재단이 만들어지고 여전히 정치권에서 크게 부담이 되고 있다는 게 투쟁하면서 되게 기억에 남았던 것 같아요."

한 비정규직 노동자의 죽음이 커다란 사회적 파장을 낳았다. 유가족을 중심에 세워 비정규직 노동자들이 연대하면서 중대재해처벌법을 제도화하는 초석을 다졌다. 아사히지회도 투쟁하다가 의문이 들 때면 자기가 연대하는 투쟁이 무슨 의미가 있는지 살펴본 뒤 연대를 통해 무엇을 배우고 취할지를 민주적으로 토론하는 과정을 거쳤다. 오수일은 연대가 중요하다고 무척 강조하는 사람이지만 그렇다고 맹목적으로 연대만 할 생각은 없다. 다만 연대를 통해 얻는 것이 더 크다는 사실을 깨달을 뿐이다.

"연대로 조합원들의 의식을 바꿀 수 있다고 생각합니다. 연대를 몇 번 열심히 다니고 연대를 일상적으로 조금 열심히 한다는 수준으로 조합원들의 의식을 확 바꿀 수 있다는 얘기는 아니지만요. 굉장히 많은 노력이 필요한 것 같아요."

차헌호는 사회 문제를 자기 문제로 다가올 수 있게 하는 방법이 연대라고 말했다. 금강화섬 투쟁을 하면서 전국 곳곳 여러 투쟁 사업장을 찾아다녔다. 그런 덕분에 조합원들이 서로 연대하면서 세상을 바라보는 눈이 밝아지는 모습을, 노동자를 둘러싼 현실이 개인 문제가 아니라 사회 구조 문제라고 인식하면서 세상을 바꾸려면 투쟁해야 한다는 쪽으로 변화하는 모습을 지켜볼 수 있었다. 그러면서 차헌호가 덧붙였다.

"아사히 투쟁의 연대는 우리가 다른 사업장을 도와주는 게 아니라 사실 우리 자신을 단련시키고 변화시키는 하나의 중요한 교육이라고 생각해요."

"나는 센 자본이 좋더라고"

"아사히글라스 본사 앞에서 꼭 승리 선언을 하고 싶습니다."

"아사히글라스는 서울에 본사가 따로 있는 것도 아니고, 사장이 눈에 보이는 것도 아니고, 생산하는 공장만 있잖아요. 일본 도쿄 본사에 가면 자본의 규모가 눈에 보이잖아요. 자본이 이 정도로 힘을 가졌구나, 슬쩍 느껴지는 거죠. 그래서 버티는구나 싶고. 그렇다고 해서 그게 벽으로 느껴지는 건 아니에요. 그냥 우리가 센 자본하고 싸우고 있구나 하는 정도지. 나는 센 자본이 좋더라고."

해고된 지 3년 만에 아사히글라스 일본 본사를 보고 온 차헌호가 한 말이다. 복잡한 도쿄에서도 일왕이 사는 궁전에 가까운 곳에 자리한 높은 건물이었다. 전범 기업으로 유명한 미쓰비시 그룹이 소유한 건물에 아사히글라스 본사가 있었다. 아사히글라스는 미쓰비시 그룹 계열사였다.

"내가 처음 일본에 갔을 때, 지하철을 타니까 아사히글라스 광고가 막 붙어 있는 거예요. 아사히글라스가 'AGC'거든요. 젊은 배우들이 광고하는 게 붙어 있길래 신기했어요."

사실 한국에서는 아사히글라스가 어떤 물건을 생산하는지 구구절절 설명을 듣지 않으면 알기 어렵다. 광고는 더더욱 볼 기회가 없다. 어쩌다 아사히글라스가 착한 기업 이미지를 연출할 속셈으로 어린이 그림책 전시회를 후원하거나 구미 지역 도서관에 도서 기부 행사를 한다는 광고가 보였는데, 그때마다 차헌호는 눈살을 찌푸렸다. 그러니 이국에서 자기를 쫓아낸 회사가 내보내는 광고를 본 심정이 신기함만은 아닐 터였다.

"예전에 노동부를 통해서 일본 본사로 문서를 보내면 본사가 노동부에 대고 '답변은 일주일 걸립니다'라고 했다는 말이에요. 그러니까 구미 공장에서 아무리 싸워도 여기는 권한이 없어요. 일본에 책임도 있고 권한도 있어요. 그런 걸 경험한 거죠. 그래서 결정 권한이 있는 일본 본사로 투쟁하러 가는 건 나름대로 중요하다고 생각합니다."

차헌호와 조합원들은 해고된 때만 해도 금속노조에 가입하지 못한 상태여서 투쟁을 잘할 수 있는 지원이나 정보가 부족했고, 재정 문제도 스스로 해결해야 했다. 비정규직 노동자들이 막상 투쟁해 보겠다고 마음을 정해도 바다 건너 일본 본사로 찾아가는 길은 멀게만 느껴져서 마음먹기가 쉽지 않을 테지만 아사히지회는 운이 좋았다. 이웃 노조인 케이이씨지회는 2010년부터 노조 파괴 전략에 맞서 오랜 싸움을 벌였고, 케이이씨그룹 회장이 사는 일본으로 원정 투쟁을 다녀온 경험도 있었다. 또한 일본에서 노동자들을 맞이한 '도로치바 노조 국제연대위원회'하고 인연을 이어 가는 중이었다. 2015년 7월, 케이이씨지회가 그런 경험을 살려 급박한 상황에 놓인 아사히지회와 일본에 있는 연대자들을 연결해 줬다. 일본 본사 원정 투쟁에도 기꺼이 동행했다. 아사히지회에서는 민동기와 지금은 희망퇴직을 한 우성경이 첫 번째 일본 본사 원정 투쟁을 떠났다.

도로치바 노조 국제연대위원회는 2003년 이라크 파병 반대 투쟁 때 민주노총 서울본부하고 교류하기 시작했는데, 그동안 한국 노동 운동에 큰 관심을 보였다. 케이씨지회도 매년 11월 노동자대회 때마다 한국과 일본을 왕래하면서 민주노총 서울본부하고 정기적으로 교류하면서 투쟁 현장을 소개받은 덕분에 알게 됐다. 이번에는 일본 기업 아사히글라스가 노조 탄압뿐 아니라 노동자를 집단으로 해고한 소식을 전해 듣고 분노했다. 해고 노동자들이 직접 일본으로 온다는 소식을 전해 듣고 도로치바 노조 국제연대위원회와 도로치바 지원 모임, 케이씨 본사가 자리한 도쿄에서 케이씨지회를 지원한 이들은 한국에서 오는 손님을 맞이할 방법을 의논하기 시작했다.

　"처음에 민동기 씨와 우성경 씨, 그리고 케이씨지회 송인규 씨 세 분이 일본에 왔습니다. 민동기 씨가 처음 일본에 왔을 때 그 마음이 어떤지는 잘 모르겠지만, 해고당한 노동자가 일본에 와서 우리도 많이 놀라긴 했는데, 그분도 많이 긴장한 듯 보였어요. 지금은 당당하게 투쟁하지만, 그때는 그렇지는 않았고, 소심해 보였거든요. 하지만 직접 일본에 오셔서 너무 감동적이었습니다."

　가마타 요시코는 도로치바 노조를 지원하는 연대모임을 하면서 지금까지 국제위원회의 활동도 함께하고 있었다. 가마타는 2015년 한여름에 아사히지회를 처음 만났다. 그날 처음 만난 민동기를 생생하게 기억했다. 그때만 해도 민동기는 30대 청년이었다.

가마타는 2015년 봄부터 일본 정부가 전쟁 법안을 통과시키려 해서 노동 운동가들하고 함께 저항 행동을 펼치느라 매우 바쁜 날들을 보내고 있었다. 그렇지만 일본 기업이 한국 땅에서 약탈하듯 비정규직 노동자를 착취하고 일회용품처럼 쓰다 버리듯 해고한 소식은 분노를 일으키기에 충분했다. 가만히 있을 수 없던 가마타를 비롯한 노동 운동가들이 모였다. 아사히지회 사정을 일본 노동자와 시민에게 알릴 선전물을 만들었다. 손피켓과 현수막도 준비했다. 아사히글라스 본사와 공장이 자리한 위치를 파악한 뒤 집회에 쓸 물품을 챙겼다.

가마타를 비롯한 일본 노동 운동가들은 이역만리 바다를 건너온 노동자들을 따뜻하게 맞이할 준비를 차근차근 마쳤다. 아사히지회는 일본에 도착한 첫날부터 일본 연대자들을 만나 도쿄 본사에서 선전전을 바로 시작했다. 도쿄뿐 아니라 가나가와 현·요코하마에 있는 츠르미 공장에서도 선전전을 했다. 한국에서 무상 임대로 공장을 짓고 온갖 세금 혜택을 받고도 노동자를 함부로 해고하는 아사히글라스 본사와 일본 공장을 찾아가는 길은 멀고 험난했지만, 해고된 비정규직 노동자들이 가는 길에 동행하겠다고 손을 내미는 사람이 일본에도 있다는 사실을 알게 됐다.

"그 사람들과 교류하고 이야기하면서 한국도 일본도 노동자들은 같은 상황, 같은 환경에서 투쟁하고 있다고 생각했습니다."

―

가마타 요시코는 첫 번째 일본 원정 투쟁을 하고 떠난 아사히지회가 언제 다시 올지 알지 못했다. 그렇지만 한국에서 투쟁하고 있는 노동자들에게 늘 관심을 가졌다. 민주노총 서울본부를 거쳐 아사히지회 소식을 전해 듣고 일본에서 아사히지회에 연대할 방법을 찾고 있었다. 그러다가 2017년 5월에 아사히 비정규직 노동자 22명이 쓴 글을 엮은 《들꽃, 공단에 피다》를 선물 받았다.

"《들꽃, 공단에 피다》를 읽고 일본어로 번역해서 널리 알려야겠다는 생각이 들었어요."

일본어로 번역한 《들꽃, 공단에 피다》를 홋카이도에서 오키나와까지 일본 전역에 있는 노동자들에게 800권 배포해 아사히 비정규직 투쟁을 알렸다. 그리고 2018년 3월 아사히글라스 주주 총회를 앞두고 아사히지회 조합원들이 일본에 온다는 소식을 들었다.

"책을 읽고 난 일본 노동자들은 일본과 한국의 노동 환경이 다르지 않다는 걸 알게 됐어요. 해고돼 다른 직장을 찾아 떠나지 않고 부당한 해고에 맞서 끝까지 싸우겠다는 노동자들의 투쟁을 이해할 수 있을 것 같았습니다."

시미즈 쇼지 군마 합동노동조합 위원장이 한 말이다. 시미즈는 첫 원정 투쟁 때는 아사히지회를 만나지 못했다. 나중에 일본어로 번역된 《들꽃, 공단에 피다》를 읽었다. 절망과 시련을 겪은 해고 노동자들은 좌절하지 않고 긴 싸움을 벌이며 세상을 바꿔 보겠다는 희망을 이야기하는 듯했다. 시미즈는 아사히지회가 무척 가깝게 느껴졌다. 한국의 민주노총에서 개최하는 전국노동자대회에 참가하고 구미 공장에 방문했을 때도 처음 만난 아사히지회 조합원들이 낯설지 않았다고 한다.

"도로치바도, 우리 노동조합도 규모가 작습니다. 지원 요청을 받으면 우리가 해야 한다고 생각해서 '아사히 지원 공투'를 만들었습니다. 사무국장을 맡을 때 솔직히 마음이 무거웠습니다. 그래도 연대하면서 노동 운동을 발전시킬 수 있다고 생각해서 받아들였습니다."

시미즈는 아사히글라스가 국제 사회에 좋은 기업 이미지를 광고하고 있지만 실제로는 노동자 권리를 뺏고 생존권을 위협하는 착취 기업이라는 사실을 밝히고 진실을 알려야겠다고 생각했다. 또한 도로치바 노조가 특별한 이유도 알려 줬다.

"일본에 지바 현이라는 지역이 있는데요, 산리즈카와 도로치바 두 곳 다 지바 현에 있습니다. 지바 현에서 투쟁하는 농민과 노동자들이 연대해서 파업을 했습니다. 산리즈카 투쟁은 나리타 공항 건설을 반대했던 투쟁인데요, 오키나와가 일본으로 반환되는 시기에 오키나와와 같이 반전 시위를 시작했습니다. 베트남 전쟁 때 오키나와는 침략 전쟁에 동원 반대와 침략 기지화를 반대하면서 투쟁했습니다. 일본은 평화 헌법이 있고, 전쟁에 동원되면 안 된다고 이야기하고 싶습니다. 오키나와 투쟁도 산리즈카 투쟁도 침략 전쟁을 하려는 일본 정권을 타도하기 위한 투쟁이었습니다."

차헌호는 일본에 원정 투쟁을 갈 때마다 일본 노동 운동가들을 만나 교류하면서 보고 듣고 놀랐다. 전쟁을 반대하며 파업을 한 적이 있다는 이야기 때문이었다.

"예전에는 일본의 노동 운동이 굉장히 전투적이었어요. 일본 철도 도로치바 노조는 실제로 전쟁 반대를 걸고 파업 했대요. 교류하면서 그런 이야기를 들었죠. 한국에서는 있을 수 없는 이야기잖아요. 우리는 임금이나 노동 문제와 관련된 정치적 요구를 걸고 파업하는 것도 쉽지 않은데 전쟁 이슈로 반대 파업을 했다는 건 믿기지 않았죠. 일본 제국주의가 전쟁을 일으켜서 한국이나 동남아시아의 많은 나라들도 피해를 입었지만 일본 노동자들도 전쟁 피해를 당했다는 거죠. 우리 노동자들은 전쟁으로 인해 피해당하고 상처를 입은 사람들이다, 그러니 일본은 다시는 전쟁을 일으키면 안 된다, 우리는 전쟁을 원하지 않는다고 전쟁 반대를 굉장히 외치는 거예요. 그 당시에 아베 정권이 전쟁에 개입하려고 하니까 저는 비판하는 교육을 들은 거죠. 신기했어요."

일본 노동 운동가들은 차헌호가 노조를 만들려고 아사히글라스 구미 공장에 취업한 사람이라는 말을 듣고 놀라워했다. 6년간 공장 생활을 하면서 노조 만들 기회를 노린 이야기에 관심이 집중됐다. 노조를 추진하다 해고된 뒤 공장 밖에서 결국 노조를 만든 이야기에 탄성을 질렀다. 노조를 만들고 한 달 만에 문자 한 통으로 집단 해고를 당한 뒤에도 꺾이지 않고 싸우고 있는 용기를 일본 노동자들이 배워야 한다고 칭찬을 아끼지 않았다. 아사히글라스를 상대로 싸워서 올바르게 승리하겠다는 의지를 확인하고 나서 아사히지회에 연대하는 행동을 자랑스러워했다. 이미 일본에서는 아사히지회를 지원하는 대책위가 만들어졌다. '일본 지원 공투'라고 불렀다. 시미즈 쇼지는 작은 노조를 운영하는 조건 속에서도 아사히지회 투쟁이 승리하는 일이 중요하다고 믿었다.

"노동자의 미래가 여기 있다고 생각합니다. 저도 지역에서 개인이 가입하는 노동조합 활동을 하고 있습니다. 일본은 어려운 점이 많습니다. 아사히 투쟁이 승리하면 일본 노동자들도 변할 것 같습니다. 그래서 일본에서 지원하는 일은 힘들지 않습니다."

일본 지원 공투는 당사자가 현장에 없지만 매달 아사히글라스 도쿄 본사에서 선전전을 했다. 츠르미 공장 말고도 일본에 흩어져 있는 생산 공장을 찾아서 정기적으로 선전전을 벌였다. 매년 아사히글라스 주주 총회가 개최되는 시기가 되면 아사히지회를 초청했다. 일본으로 건너오는 아사히지회 조합원들을 위해서 숙박, 식사, 통역 등을 지원했다. 아침부터 밤까지 일본에서 만날 노동조합과 시민단체 간담회를 주선하고 자리를 만들었다. 일본 본사와 공장 앞에서 항의 행동을 계획하고 실행했다. 아사히지회가 투쟁한 지 9년이 되는 동안 일본 지원 공투가 벌인 활동도 9년을 맞이했다. 지금까지 아사히지회는 원정 투쟁을 일곱 번 다녀왔다.

"장기간 투쟁인데, 신기할 정도로 국제 연대를 지속하고 있고, 또 자신의 일처럼 선전물을 만들어서 아사히 공장 앞에서 돌려요. 선전물이 몇 장이나 나갔는지 세더라고요. 오늘은 노동자들이 150장 받아 갔다고 하는 거죠. 굉장히 꼼꼼하게 하는 걸 보면 놀랍죠."

일본 지원 공투는 아사히글라스 일본 공장 앞에서 마치 자기 일처럼 진지하고 열심히 선전전 활동을 진행했다. 길 가는 사람들이 선전물을 받아 읽으면 내 일처럼 기뻐했다. 일본 사람들이 보인 반응이나 아사히글라스 본사가 보인 반응도 자세하고 구체적으로 아사히지회에 알려 줬다. 그렇게 일본과 한국 노동자들은 바다를 사이에 두고 아사히글라스라는 거대 자본에 맞서 연대해 싸웠다.

"우리 진행 상황을 공유하고 나면 일본 동지들이 궁금한

게 굉장히 많아요. 그냥 투쟁이 어떻게 됐냐, 지금 어떻게 진행하냐 정도를 넘어서 물어봐요. 이번에 형사 재판 2심이 무죄 판결 났잖아요. 그건 어떤 의미냐, 운동적으로 어떤 의미냐, 조합원들은 어떠냐, 이 문제를 해결하기 위해서 우리는 뭘 해야 하냐 같은 식으로요. 이런 굉장히 구체적인 관심을 보이고 확인하는 거죠. 그리고 이번에 한국에서 민주노총이 하는 투쟁이 어떤 의미가 있는지 여러 가지 물어보는 거죠. 제가 답변을 제대로 했는지 잘 모르겠어요."

질문은 상대를 제대로 이해하기 위한 의식적 노력이었고, 적극적인 행동을 하기 위해 거쳐야 할 과정이었다. 9년 동안 지속된 국제 연대는 이런 과정을 충실히 거친 결과가 아니었을까.

―

"츠르미 공장에 노동조합이 있습니다. 우리는 노조 간부와 조합원을 만나러 여러 번 공장을 방문했어요. 노조에 연락을 해 달라고 했는데, 나온 사람이 누구냐 하면 회사 노무 담당자였습니다. 한 번은 공장 안에 노조 관계자를 만난 적이 있었는데요. 자신들은 공장 안에서 생긴 문제라면 대책을 마련해야겠지만 외부에서 생긴 문제는 우리와 상관없다고 답변했습니다.

아사히글라스 본사도 지금은 담당자가 안 나오지만, 처

음에는 담당자가 나와서 하는 말이 같았어요. 외부에서 생긴 문제에 대해서는 우리는 아무 상관 없다는 거죠. 한국에서 생긴 문제와 본사는 상관없으니 아무것도 하지 않겠다고 했어요. 하지만 내부에서 생긴 문제에도 아무것도 하지 않았습니다. 어떤 노동자가 괴롭힘과 성희롱을 당한 문제가 있었고 에스엔에스로 폭로했지만, 노조도 본사도 아무것도 안 했어요. 지금은 재판하고 있는 중입니다."

어느새 아사히지회 투쟁은 가마타 요시코를 비롯한 일본인들의 투쟁이 돼 있었다. 일본 지원 공투가 한국 해고노동자 문제를 해결하라고 요구하면서 아사히글라스를 방문하고 면담할 때마다 앵무새처럼 반복해 들은 말은 '한국 공장 노동자들은 자기들하고 상관없다'였다. 그렇지만 아사히글라스는 파견법 위반으로 검찰에 기소됐고, 근로자 지위 확인 소송에서 비정규직 노동자를 직접 고용하라는 판결을 받았다. 이 판결 덕분에 일본 지원 공투도 아사히글라스가 보이는 기만적 행태와 저열한 수법을 일본 사회에 폭로하고 문제를 해결하는 데 조금 더 박차를 가할 수 있게 됐다. 이 투쟁에 참여하던 일본 지원 공투 안에서도 약간 변화가 생겼다.

"아사히글라스 본사 건물 옆에 일왕이 사는 궁궐이 있습니다. 그래서 우리가 아사히글라스 본사 주변을 행진하려고 해도 도쿄 공항위원회가 허락하지 않습니다. 하지만 최근에는 본사 근처에서 조금씩 행진을 할 수 있게 됐습니다. 바로 앞은 아니지만 근방에 조금 떨어진 곳이어도 본사 건물이 보이는데요. 최근에는 젊은 시민들이 목소리를 내기도 합니다. 그리고 군마 합동노조에서 '모예'라는 여성 조합원이 선전전에만 열심히 나오다가 최근에는 마이크를 잡고 발언하게 됐습니다. 모예는 선전전을 하면서 자신이 성장했다고 말했습니다."

일본 지원 공투는 일본 본사 앞에서 집회를 열고, 선전물을 돌리고, 본사 건물 안내 데스크로 들어가 면담을 요구했다. 처음에는 내려오던 총무팀 직원들은 불법 파견 재판에서 아사히지회가 패소하자 코빼기도 비치지 않고 만남을 거부했다. 일본 지원 공투는 굴하지 않고 아사히글라스를 압박할 다른 방법을 계획했다. 피케팅이나 집회에서 한발 더 나아가 일본 본사 앞 거리에서 아사히글라스를 규탄하는 가두 행진도 진행했다. 지금 당장 효과를 기대할 수는 없겠지만, 일본 노동 운동도 아사히지회가 내뿜는 기운을 받아 조금씩 달라지고 있다는 사실은 분명했다. 일본 지원 공투는 아사히지회를 돕기 위해서만 싸우지는 않았다. 이 싸움을 하면서 일본에서도 노동자가 노동조합을 하다 해고되면 떠나는 대신에 싸워서 올바르게 해결할 수 있다는 자신감을 가져야 한다고 생각했다. 그러기 위해 아사히지회 투쟁을 잘해 내는 일이 일본 지원 공투에도 매우 중요했다.

"(2018년 3월) 두 번째 일본 원정 투쟁에 장명주, 남기웅, 송동주 세 사람이 왔었어요. 이제 그들이 나이 들어 40대가 됐습니다. 그 동지들이 자신의 인생을 걸고 투쟁해서 승리한다는 건 매우 뜻깊은 일이죠. 아사히글라스 본사 앞에서 꼭 승리 선언을 하고 싶습니다."

가마타 요시코가 밝힌 바람이다. 아사히지회가 승리하면 일본 노동 운동도 자신감을 가지고 잘 싸울 수 있다는 말이었다. 일본 지원 공투와 아사히지회가 잘 소통하고 국제 연대를 할 수 있게 통역을 도맡은 오키야마 요시타다는 말했다.

"통역이 부족해서 죄송합니다. 동지들의 투쟁이 일본 동지에게나 한국 동지들에게도 힘이 되는 투쟁이라고 생각합니다. 힘이 있는 만큼 투쟁한다는 말이 맞다고 생각합니다. 노동운동을 하면서 완벽한 100퍼센트 승리는 불가능합니다. 패배도 하고 승리도 하고 그렇게 투쟁하면서 노동자들이 노동운동을 발전시킬 수 있다고 생각합니다. 앞으로 동지들과 함께 연대하고 투쟁하고 싶습니다."

'아사히지회'를 쓰다

"공장은 우리를 경쟁하게 하지만, 노동조합은 우리를 협력하게 했고, 그걸 가르쳐 줬죠."

어느 날 문자 한 통을 받았다. 아사히지회가 아사히글라스하고 두 차례 협상을 진행한 사실을 알리는 연락이었다. 아사히글라스 자본은 차헌호를 뺀 나머지 조합원을 복직시키겠다고 했다. 보상금 수억 원을 제시했지만, 아사히지회는 모두 함께 현장에 복직한다는 원칙을 다시금 확인했다. 아사히글라스가 제시한 안을 받아들이지 않겠다는 결의였다. 투쟁한 지 6년 만에 한 교섭이었다. 해고 노동자들하고는 아무 상관 없다던 자본이 교섭을 요구하고 협상안을 낸 만큼 아사히지회가 어느 정도 승리한 상황을 의미했다. 그렇게 1년하고도 6개월이 지난 2022년 9월에 나는 차헌호를 만났다.

아사히지회가 투쟁한 지 7년이 지난 때였다. 생계팀이 8명으로 늘었고, 투쟁팀 14명도 버티기가 만만치 않은 시기였다. 그러나 여기에서 투쟁팀이 더 줄어들면 농성장을 지키면서 연대하고 투쟁하기도 힘들어질 수 있었다. 투쟁력이 약해진 틈을 노려 아사히글라스 자본이 노동자들 사이를 이간질하고 노동자들은 흔들릴 게 뻔해 보였다. 차헌호는 묘안을 짜내야 했다.

근로자 지위 확인 소송에서 승소한 아사히지회는 2020년 12월 말까지 밀린 임금 64억 원을 아사히글라스에 청구하는 소송도 이겼다. 그러나 아사히글라스는 법원에 강제집행 정지를 신청하고 70억 원 상당액의 공탁금을 걸었다. 노동자 사정은 눈감고 모르쇠 하던 재판부는 자본이 원하는 것은 다 받아 줬다. 최종 판결이 날 때까지 버틸 수 있는 근육을 키우라고 노동자들에게 주문했다.

아사히지회는 파견법 위반 형사 재판도 승소하지만 기뻐하기에는 상황이 여러모로 좋지 못했다. 노동자들은 해고 기간만큼이나 가정 형편이 이루 말할 수 없이 어려워졌다. 시간은 노동자에게 유리하지 않았다. 조합원들이 더 극한 상황으로 내몰리면 앞으로 얼마나 더 버틸 수 있을지 장담할 수 없었다. 조합원들은 생계 활동에 나서고 싶다는 말이 목구멍까지 차올라도 간신히 참고 있었다.

차헌호에게 노조 상황을 듣고 있던 나는 갑자기 묻고 싶었다.

"지회장님은 괜찮아요?"

"뭔 말이에요?"

"다른 사람 말고 지회장님은 괜찮냐고요."

"내가 버텨 낼 수 있겠냐고? 나는 개인적으로는 버텨 내죠. 지회장인 내가 돈 벌겠다고 생계를 나갈 수는 없잖아요. 안 되면 집을 팔아서라도 버텨야 하는 처지죠. 제가 갈 수는 없잖아요."

부질없는 질문에 우리는 소리 내서 웃고 말았다.

아사히글라스가 노동자들에게 지급해야 할 임금 상당액을 법원에 공탁한 지 2년이 흐른 때였다. 이자만 연 12퍼센트라고 했다. 그때만 해도 이자가 매달 6400만 원 발생했다. 1년 기준으로 한 사람당 월 290만 원 상당액을 받을 수 있는 금액이었다. 이런 지경이면 회사가 먼저 나서서 대화를 시도할 만도 한데 아사히글라스는 노동조합을 인정하지 않겠다는 뜻이 확고했다. 요지부동이었다. 돈이 얼마나 들어도 상관없다는 듯이 노동조합을 끝까지 상대해서 파괴하고 말겠다는 의지를 굽히지 않았다. 그래서 더욱 아사히지회는 조합원들이 당장 버텨 내는 일이 중요했다. 금속노조에도 장기 투쟁 사업장이 겪는 어려움은 꼭 풀어야 할 숙제였다. 금속노조는 채권 발행을 검토하고 있었다. 아사히지회 조합원들에게 줄 긴급 생활 자금을 만들 요량이었다. 채권 발행이 장기 대책은 아니어도 발등에 떨어진 불을 끄는 임시방편은 되리라 생각했다.

또 하나 버텨야 하는 중요한 이유가 있었다. 2022년 7월 13일, 아사히지회는 근로자 지위 확인 소송 2심에서 승소했다. 재판을 마치고 기쁜 마음으로 기자 회견을 할 때였다. 금속노조 법률원 변호사가 아사히지회 사건은 '심리 불속행'으로 갈 듯하다고 말했다. 사람들은 심리 불속행이라는 낯선 단어가 유독 크게 들렸다. 기자 회견을 마치자마자 다들 심리 불속행을 찾아봤다. 재판부가 상고이유서를 읽고 심리를 할지 말지 판단하는 기간이 4개월이었다. 사건을 자세히 들여다봐야 한다면 시간을 끌 테지만 단순하게 기각해야 할 사건이라면 1심과 2심 판결을 보고 여러 조건을 살펴서 빠르게 기각하는 제도가 심리불속행이었다. 대법원에서 심리 불속행이 나온다면, 4개월이면 끝날 수 있다는 작은 기대가 생긴 셈이었다. 길고 긴 싸움에, 특히나 생계 문제에는 장사가 없다는 차헌호의 말마따나 사람들 마음속에 올겨울 안에 끝내고 싶다는 간절함이 더 커져 있을 법도 했다. 내가 차헌호를 만나 이야기를 들은 때가 9월이었다. 잘하면, 정말 잘하면 그해 12월 안에 대법원 판결이 날지도 모를 일이었다. 나에게도 심리 불속행이 무척 간절해졌다.

그때 나는 생각했다. 그렇다면 올해 말까지 아사히지회를 최대한 영상에 담아야겠다는 강렬한 유혹을 느꼈다. 해고 노동자들이 공장에 들어오는 사태를 아무리 막고 싶어도 대법원에서 직접 고용하라고 판결하면 일본 대기업인 아사히글라스도 무시할 수는 없다. 공장에 들어가는 순간이 임박하고 있다는 가슴 벅찬 희망이 갑자기 내 안에 요동쳤다.

그때는 정말 순진했다. 아사히 비정규직 투쟁이 막바지에 다다른 상황이라고 생각한 나는 어떤 식이든 의미 있게 연대하겠다고 마음먹었다. 다시 아사히지회를 촬영하겠다고 차헌호에게 약속했다. 여전히 실력은 늘지 않았지만, 해고 노동자들이 공장에 들어가는 모습을 기록할 절호의 기회라고 혼자서 흥분했다. 그렇지만 어떻게 시작해야 할지 잘 몰랐다.

—

월요일이면 무작정 천막 농성장으로 향했다. 아사히지회는 월요일마다 공장 앞에서 7시 40분부터 8시 10분까지 출근 선전전을 했다. 선전전이 끝나면 농성장 식당에서 노조 집행부 회의가 열렸다. 그다음 순서로 농성장에서 조합원 전체가 모여 회의를 했다. 회의에서는 지난주 활동을 평가하고 주간 계획을 세웠다. 회의, 투쟁 일정, 연대 행사 등에 참여할 인원을 파악하고 농성장 당번도 정했다. 여러 가지 문제를 해결하기 위해 의논하는 시간이었다.

2022년 9월 19일 월요일, 신발 끈을 단단히 묶고 아침 일찍 구미공단으로 출발했다. 출근 선전전을 촬영하기 시작했다. 월요일에는 투쟁팀 조합원 전체가 모였다. 선전전을 마치고 집행부가 회의를 하는 동안 다른 조합원은 농성장 안팎에서 기다렸다. 집행부 회의가 끝나자 조합원 전체가 농성장에 모여서 회의를 또 했다. 모든 회의가 끝나자 농성장을 청소하고, 이불을 빨러 가고, 물을 길어 왔다. 장작을 패고, 투쟁 차량을 세차했다. 모두 천막 농성장에 모여 살림을 가꾸느라 바빴고, 나는 그런 모습을 찍느라 바빴다. 아사히지회가 투쟁하는 모습을 촬영하겠다고 마음먹었지만, 혼자 들떠서 캠코더를 들고 천막 농성장에 찾아간 순간에는 솔직히 망설여졌다. 연대하는 마음이 아니었다면 포기하고 돌아설지도 모를 일이었다.

월요일이 기다려졌다. 공장 앞에서 출근 선전전이 끝날 때를 기다렸다. 가을이 깊어지고 바람마저 차가워진 무렵이었다. 오래 돌아간 발전기 덕분에 농성장 안은 훈훈했다. 철야 농성을 하면서 전기 패널을 따뜻하게 데워 놓아 바닥에는 따뜻한 온기가 남아 있었다. 어느새 난로를 피우기 시작할 계절이 성큼 다가왔다. 집행부 회의를 하는 동안 농성장에는 김성한과 안진석, 조남달, 허상원 등 네 명이 모여 있었다. 대의원이던 안진석은 어머니 병원비를 마련하려고 2021년 12월에 생계팀으로 빠졌다. 대의원을 사퇴하고 평조합원이 되더니 딱 열 달 일하고 투쟁팀으로 복귀했다. 전례 없는 일이었다.

내가 캠코더를 들고 농성장으로 들어선 때 안진석과 김성한이 나란히 앉아 있었다. 두 사람에게 살금살금 다가갔다. 노동조합을 만들고 해고될 때까지 공장에서 보낸 생활을 물었다. 오래된 기억을 끄집어내고 싶었다. 노란 병아리 모자를 쓴 수습사원 김성한은 자기가 조합원 수 138명에 포함되지 않은 한 명이던 사연을 들려줬다. 이야기는 길게 이어지지 못했다. 간부 회의를 마친 이들이 농성장에 들어와서 전체 회의를 해야 했다. 그렇게 월요일마다 조합원들을 만나 잠깐씩 대화를 이어 갔다.

김성한은 출근하고 퇴근할 때마다 공장 밖에서 피케팅을 하는 해고 노동자 차헌호를 봤다. 조합원은 아니어도 곧 노조에 가입할 계획을 세운 터라 노조 하는 사람들이 하는 행동 하나하나에 관심이 많았다. 그때만 해도 차헌호라는 이름도 제대로 몰랐고, 차헌호가 지회장이라는 사실도 몰랐다. 다만 차헌호와 백은호 두 사람이 해고돼 공장 앞에서 출근하는 노동자들에게 인사하고 말을 건네며 선전전을 하는 모습은 인상적이었다.

안진석은 캠코더 렌즈를 바라보면서 자기 생각을 또렷하게 표현했다. 노조에 가입할 때도, 해고될 때도, 어떤 일이 닥칠 때도 별로 동요하지 않을 듯 해탈한 표정을 지으면서 말했다.

"공장은 우리를 경쟁하게 하지만, 노동조합은 우리를 협력하게 했고, 그걸 가르쳐 줬죠."

그 말이 지금껏 내가 노동자를 편들며 글로 쓰고 싶던 문장이라는 데 생각이 미치자 나도 모르게 가슴이 울컥해 불쑥 뜨거운 눈물이 솟으려 했다. 나는 주옥같은 그 말을 영상에 담았다. 그 생각에 닿기 위해 캠코더를 들고 바짝 다가갔다.

우리는 매주 월요일마다 이어 말하기를 하듯 짧은 인터뷰를 하면서 노동조합 만들던 시절을 천천히 더듬었다. 나는 김성한과 안진석에게 천막 농성장을 처음 세우던 때를 기억하느냐고 물었다. 벌써 7년도 더 지난 일이니 기억나지 않을 만했다. 김성한에게 강렬하게 남은 기억은 천막 농성장 행정 대집행 때이지 농성장 만들던 때는 아니었다. 해고된 김성한에게 천막 농성장은 그야말로 햇볕을 가리고 앉을 수 있는 곳이었다. 두꺼운 팰릿 위에 깔판을 깔고 앉아서 쉰 기억과 술과 안주를 준비해 해고 동료들끼리 밤새 이야기꽃을 피운 한여름 밤 꿈같은 날들이 거기에 있지 않았을까.

―

11월 14일 월요일도 아침 일찍 천막 농성장으로 향했다. 피켓을 들고 서 있는 조합원들에게 다가가 현장 인터뷰를 시도했다. 자연스럽게 말하게 하고 싶었다. 어떻게 하면 좋을까 궁리하다가 시범 삼아 차헌호에게 이야기를 걸기로 했다.

조합원들은 피켓을 받아 들고 공장 앞으로 올라갔다. 나는 아래쪽에서 공장 전체를 환하게 보여 주고 싶었다. 조합원들이 서 있는 곳을 바라봤다. 가장 아래쪽에 조직부장인 장명주가 피켓을 들고 서 있었다. 그 옆에 현수막을 든 차헌호가 보였다. 가장 먼저 눈에 보이는 장명주에게 다가갔다. 처음에 무슨 질문을 해야 할지 정하지 못한 채였다. 자연스럽게 대화를 나누듯 촬영하는 콘셉트라 어색하지 않게 말을 걸었다.

"아침에 몇 시에 일어나요?"

장명주는 월요일이면 누나하고 같이 아침밥을 먹는다. 누나는 장명주가 사랑하는 연인이다. 누나가 자기에게 얼마나 크고 의지할 만한 존재인지 말하는 듯 누나 이야기를 할 때면 장명주는 얼굴이 환해졌다. 농성장에 출근할 때마다 무슨 생각을 하느냐고 물었다.

"공장을 다니고 있었더라면 저들과 같이 출근했을 텐데……."

캠코더 앞에만 서면 떨린다면서도 장명주는 말을 더듬는 느낌이 전혀 없었다.

얼마 전 조합원 인터뷰를 시작하면서 조직부장이 된 장명주에게 인터뷰를 요청한 적이 있었다. 장명주는 별로 주저하지 않고 단박에 거절했다. 오늘에야 그때 거절한 이유를 물었다. 단지 쑥스러워 그랬단다. 그런 장명주가 이번에는 자연스럽게 내 앞에 섰다. 이제 쑥스러움을 조금 면한 모양인가 보다.

출근 선전전을 하는 동안 현장 인터뷰는 두 사람 정도밖에 할 수 없을 듯했다. 캠코더는 자연스럽게 차헌호에게 옮겨 갔다. 무슨 질문을 할까 망설이다가 물었다.

"지회장님은 조합원들에게 한 가지만 묻는다면 어떤 질문을 하고 싶어요?"

"괜찮냐고 묻고 싶어요."

차헌호가 말을 내뱉고 꽤 긴 침묵이 흘렀다. 세상일에 무심한 듯 보이던 사람에게서 의외의 대답을 들었다. 나도 괜찮냐고 묻고 싶었지만, 그 질문은 꾹꾹 눌러 뒀다.

그날도 어김없이 확대 간부 회의와 전체 조합원 회의가 진행됐다. 농성장은 겨울나기 준비로 분주했다. 공단에서 폐기할 팰릿을 땔감으로 쓰라고 천막 농성장에 가져다주는 이들이 있었다. 농성장 한 귀퉁이에 팰릿이 어수선하게 놓여 있었다. 조합원들이 하나씩 끄집어내 못을 빼고 굵고 큰 토막은 전기톱으로 잘랐다. 전기톱 소리가 공단 거리에 쨍쨍 울렸다. 팰릿을 자른다고 2차선까지 점령했다. 도로를 쌩쌩 달리는 차들도 천막 농성장 풍경을 구경하는지 속도를 줄였고, 우리는 당당했다. 나무 팰릿을 조각조각 잘라서 장작을 쌓았다.

캠코더를 든 나는 어디로 향할지 고민할 새도 없이 망치를 들고 팰릿을 팡팡 치는 이영민에게 다가갔다. 일할 때 진지한 사람이었다. 망치를 들고 힘을 주는 모습이 진지하면서도 어설퍼 보였다. 열심히 하는 모습을 안 찍을 수 없었다. 차헌호는 못을 빼고 분해한 각목을 옮기고 있었다. 옮긴 각목을 장작 쌓는 곳에 던졌다. 언제 현장으로 돌아갈지 모르지만 내일을 살기 위해 부지런히 움직였다. 겨울을 이겨 내려고 난로에 넣을 장작을 마련했다.

농성장 겨울나기 장작 패기를 마치고 나서 내 '배우들'에게 점심 식사를 대접했다. 그래 봐야 짜장면 한 그릇이지만, 출연료를 지불할 수 없는 나는 짜장면 한 그릇이라도 대접할 수 있어서 얼마나 뿌듯한지 모른다. '내 배우들'이라고 쓰니까 내가 마치 감독이라도 된 듯 의기양양해지는 느낌이다.

2022년 11월 25일은 금요일이었다. 집중 확대 간부 회의가 있는 날이었다. 회의는 농성장이 아니라 민주노총 구미지부 회의실에서 열렸다. 나는 시간에 맞춰 자연스럽게 캠코더를 들고 회의실로 들어갔다. 아사히지회가 회의하는 모습을 풍경처럼 보여 주고 싶었다. 아사히지회가 가는 곳이면 어디든 따라다니며 해고 노동자들이 살아가는 일상을 자연스럽게 촬영하고 싶었다.

연대 일정이 취소된 사실을 확인한 이영민은 외부에 나가기로 한 사람들이 일정이 취소되면 농성장 '낮사수'나 '밤당번'이 가능한지 확인하면 좋겠다고 했다. 오수일은 이미 농성장은 당번이 정해져 있는데 외부 일정이 취소돼서 농성장 당번을 또 조율하는 방식은 비효율적이라고 반대했다. 정해진 원칙대로 하면 된다는 논리였다. 두 사람은 서로 설득하느라 언성을 약간 높였다. 이영민은 자기주장을 밀고 나가지는 않아도 고민이 있어 보였고, 오수일은 답답해하면서도 다시 의논해 보자고 제안했다. 차헌호는 양쪽 이야기를 다시 들었다. 다른 참가자들도 각자 의견을 내면서 객관성을 유지하려 노력하는 듯했다. 의견이 다르다 보면 인상을 붉히거나 목소리가 높아질 만했는데, 그런 일로 감정이 격해지지는 않았다. 서로 무시하지도 않았다. 다시 의논하기로 했다. 그렇게 전체가 각자 의견을 자유롭게 말하면서 다른 사람 생각을 읽을 수 있었다. 자연스럽게 현명한 판단을 스스로 내릴 수 있게 설득하고 의견을 조정하면서 합의하는 과정을 캠코더로 찍었다. 노동조합에서 민주주의가 어떻게 작동해야 하는지 보여주는 듯

해서 오랫동안 기억에 남는다.

그때 생각했다. 가장 아사히지회다운 모습은 회의를 공론장으로 만드는 과정이 아닐까. 여러 사람이 지혜를 모아 문제를 해결할 방법을 마련하는 회의, 민주주의를 학습하고 실천하는 공간인 노조, 노조 내부에 작동하는 민주주의. 아사히지회가 고유한 방식으로 진행되는 회의를 어떻게 영상에 오롯이 담을 수 있을까. 그 질문은 내게 숙제로 남았다.

—

월요일 오후가 되면 차헌호가 주간 일정표를 보내 줬다. 주간 일정표에는 아사히지회가 한 주 동안 활동할 계획을 비롯해 농성장 사수자와 철야 농성자 명단이 적혀 있었다. 생계팀은 토요일 철야 농성과 일요일 사수를 도맡았다. 임원들은 한 달에 한 번씩 생계팀을 만나 간담회를 했다.

2015년 5월에 노조를 만들 때는 모두 함께했지만, 해고된 뒤에는 실업 급여를 받고 금속노조에서 준 장기 투쟁 사업장 지원금이 끝날 때쯤에는 후원 호프를 열고, 김을 팔고, 시엠에스 후원을 조직했다. 해고자들에게 매달 생계비 100만 원을 지원해야 하기 때문이었다. 조합비 3만 원을 빼고 97만 원을 지급했다. 아사히지회는 생계비를 마련하느라 고군분투했지만, 사실 한 달 생활비에 턱없이 부족한 금액이었다. 조합원들은 포기하지 않고 끝까지 남을 방법을 찾았다. 도저히 투쟁만 고집할 수 없는 사람은 벌이를 하러 나가더라도 월 소득 중 일정 금액을 투쟁 기금으로 내고 매주 토요일과 일요일에 농성장을 지키는 식으로 투쟁에 참여하게 했다. 생계 활동을 나가는 사람이 하나둘 늘어나 여덟 명까지 늘어났다.

《들꽃, 공단에 피다》를 만들 때 박세정을 만나 인터뷰를 했다. 박세정은 한국합섬에서 노조 활동을 한 경험이 있었다. 한국합섬 폐업 투쟁 때 공장을 지키는 투쟁도 했다. 그러다 평소 즐겨 찾던 낚시터를 운영할 기회가 찾아왔다. 입지가 좋은 곳이라서 노조하고 상의한 뒤에 투쟁을 정리하고 나왔다. 낚시터는 운영난을 겪다가 큰 빚만 지고 정리했다. 다시 공장에 취업할 때는 비정규직이 됐다. 아사히글라스 하청 노동자였다. 임금도 적고 비정규직이지만 분란 없이 안정적으로 일만 하면서 조용히 살고 싶었다. 그렇지만 노동조합은 박세정을 짝꿍처럼 따라다녔다. 아사히글라스 공장은 노동조합 이야기로 북적거렸고 박세정은 비정규직이 노조를 할 수 있을지 의문이 드는 상황에서도 결국 차헌호라는 인물을 신뢰했다. 한번 해 봐야겠다고 마음을 정하고 노조에 가입했다. 쉽지 않은 길이지만 다시 노조를 선택했고, 해고됐다. 다시 싸움의 기로에 선 박세정은 별로 갈등하지 않았다. 시간이 흐르면서 생계 문제로 힘들어진 때, 어느 것 하나 포기하고 싶지 않은 박세정은 둘 다 지킬 방법을 고민해야 했다. 한국합섬에서 끝까지 투쟁하지 못한 일을 내내 후회하고 있기 때문이었다. 늘 괴로웠다. 아사히지회는 끝을 보고 말겠다고 다짐했다. 그런 박세정이 끝을 보려고 선택한 길이 생계를 위해 떠나지 않고 생계팀으로 남는 방법이었다.

2022년 11월 27일은 일요일이었다. 나는 생계팀 간담회를 촬영하려고 아사히 천막 농성장으로 향했다. 오랫동안 못 만난 생계팀 조합원들에게 다가가려니 꽤 어색했다. 다들 당혹스러워할 듯해서 안으로 못 들어가고 밖에서 기다리고 있는데, 갑자기 농성장 식당 문이 열렸다.

"만두 먹으러 와요!"

박세정이었다. 전날 밤 철야 농성을 하면서 음식을 담은 그릇과 냄비를 설거지하려고 물을 끓이는 중이었다. 남은 만두는 프라이팬에 데워 접시에 얹었다. 뜨거운 김이 모락모락 올라왔다. 못 이기는 척 식당 안으로 들어갔다. 박세정은 설거지를 했고, 나는 옆에 서서 만두를 세 개나 먹었다. 아주 오랫동안 아는 사이처럼 자연스럽게 맞아 줘서 이내 긴장이 풀렸다. 서로 허물없이 지낼 만큼 친한 사이는 아니었지만, 그런 환대가 좋았다.

박세정을 따라 농성장으로 들어갔다. 권재덕이 난롯가에 앉아 있었다. 황태섭도 보였다. 전영주가 들어왔다. 전영주도 몇 년 동안 만나지 못했다. 나중에 알게 된 사실이지만, 전영주는 전민관으로 개명했다. 최진석은 여전히 청년 같은 모습으로 들어왔다. 이민우의 목소리도 들렸다. 생계팀에는 노조를 출범할 때 세 아이 아빠이던 한상기도 있었다. 문자 한 통으로 해고를 통보받은 날, 한상기는 갓 태어난 셋째를 돌보는 아내에게 걱정을 끼치고 싶지 않았다. 그렇다고 해고를 순순히 받아들일 수도 없어서 고민이 깊었다. 일단 한번 싸워 보기로 했다. 당장 생계 문제를 해결해야 하니 남들보다 일찍 일어나 우유 배달을 했다. 부족한 잠은 공장 앞 천막 농성장에서 해결할 셈이었다. 그렇게 2년 넘게 투쟁팀에서 버텼지만, 아이들이 커 갈수록 들어가는 생활비를 감당할 처지가 못 됐다. 다행히 지회 차원에서 의논해 생계팀이 된 덕분에 투쟁을 포기하지 않을 수 있었다.

차헌호 지회장과 송동주 부지회장, 남기웅 사무장이 와서 생계팀 간담회가 시작됐다. 그동안 벌어진 굵직한 사안을 보고하고 공유하는 정도였다. 사람들은 특별히 어떤 의견을 내거나 질문을 하지 않았다. 오랜만에 생계팀 전원이 모인 자리라 했다. 간담회가 끝나자 토요일 밤에 철야 농성을 한 사람들은 집에 갈 채비를 했고, 농성장을 지킬 사람들은 남았다.

그날은 최진석과 전민관이 남았다. 전민관은 구미공단에 자리한 아주 작은 공장에서 일하고 있었다. 최진석은 나무 땔감을 만드는 공장에서 계절공으로 일하는 중이었다. 여전히 아버지 농사를 거들고 있었다. 오랜만에 만나서 말걷기가 서먹해도 안부를 물었다. 생계를 나간 사람들도 투쟁의 무게를 무겁게 짊어지고 있을 터였다. 평일에는 일하고 주말이나 휴일에는 천막 농성장에서 보낸 세월이 몇 년이었다. 투쟁의 끝을 함께하겠다며 이 시간을 버티는 모습을 보면 그런 선택도 쉽지 않은 일이었다. 생계팀 박세정이 건넨 환대가 좋았다. 환대의 기억을 오래 간직하고 싶었다.

―

 크리스마스가 지나고 연말을 맞는 월요일에도 출근 선전전을 하러 천막 농성장으로 달려갔다. 허상원이 드럼통으로 만든 난로에 불을 피우고 있었다. 불 가까이 바짝 다가갔다. 그날은 캠코더를 챙기지 않았다. 촬영 기획안을 12월까지 쓰겠다고 다짐하고는 쓰지 못했다. 기획도 하지 못한 채 마냥 촬영만 할 수는 없는 노릇이었다. 촬영하지 않는 이유나 구차한 변명을 늘어놓고 싶어도 아무도 궁금해하는 사람이 없어서, 아무 말도 하지 못한 채 나는 캠코더 대신 피켓을 들었다. 조합원들하고 나란히 공장 정문 앞에 서서 출근 선전전을 했다. 시린 발을 동동 굴렀다.
 그토록 기대한 대법원 심리 불속행은 물 건너갔다. 심리가 시작됐다. 그럼 또 얼마나 길고 긴 날을 싸워야 할까? 오수일은 이만큼 촬영하면 영화 한 편을 만들어야 하지 않으냐고 물었다. 나는 영화는 고사하고 영상 편집을 어떻게 해야 할지 몰라 찍고만 있다고 변명을 늘어놓았다. 매일 머릿속으로 무엇을 보여 주고 어떤 이야기를 풀어 낼지 고민만 하다가 찍고 또 찍고 나서는 이렇게 찍기만 해도 되나 싶어 다시 갈팡질팡하면서 천막 농성장으로 온다고 말했다. 내 말을 듣던 오수일은 자기도 출근할 때마다 갈등하지만 마음을 다잡고 출근하고 투쟁하러 온다고 했다.

"같이 갑시다."

오수일이 한 말이 참 따뜻했다. 그렇지만 나는 촬영을 중단하기로 결정했다. 그때부터 월요일마다 출근 선전전을 하러 가기도 망설여졌다. 자기도 매일 갈팡질팡 흔들리지만 출근하고 투쟁한다며 같이 가자던 오수일에게 미안했다. 그렇다고 영상을 포기하지는 않았다. 잠시 멈추고 차분히 생각할 시간이 필요했다. 그동안 찍은 영상 클립은 외장 하드에서 자리를 가득 차지하고 있다. 오랫동안 촬영하고도 영상을 완성하지 못해 마음이 무거웠다. 차헌호와 오수일을 만날 때면 마음이 쪼그라들었다. 그래도 기죽고 싶지 않아서 오수일에게 약속했다. 현장에 복직하면 정년 퇴직 선물로 당신과 당신 동지들이 보낸 긴 인생 중 한 부분인 노동조합에서 투쟁하고 회의하는 장면을 엮어 영상을 만들어 주겠다고 큰소리쳤다. 오수일은 싱긋 웃었다. 아마 기대하지 않을 게 뻔했다.

차헌호와 오수일, 그리고 내 캠코더가 향한 곳에서 기꺼이 자기를 보여 준 조합원들이 아사히글라스 공장에 복직해서 일하다가 정년퇴직을 맞게 될 때까지 기다려 준다면, 나는 영상을 제작해 선물로 주고 싶다. 아사히지회가 노조를 건설한 기나긴 시간 중에 아주 짧은 시간 동안을 촬영했지만, 나는 세상 사람들에게 아사히지회 조합원들이 잘 싸워서 민주 노조를 지킨 과정을 꼭 보여 주고 싶다. 영상을 어떻게 만들지 생각하고 고민하고 기획하다가 이렇게 길고 긴 이야기를 쓰게 됐다. 여전히 영상을 포기하지 않을 생각이다.

나가는 글

한 청년 노동자가 인생을 걸어야 할 만큼 거대한 이야기

글을 다 쓰고 나서 딸 '또레미'에게 가장 먼저 보여 줬다. 첫 독자는 이렇게 말했다.

"엄마는 문학적 재능이 없어 보여. 르포를 쓴다면서 왜 소설을 쓰려고 해?"

허구적인 이야기라는 뜻은 아니었다. 거창하게 보여 주고 싶어 한다는 말이었다. 첫 독자가 내 허영심을 바로 봤다. 너무 솔직해서 미안했을까. 잠시 뜸을 들이다가 이어진 말은 이랬다.

"그런데 이 글을 읽고 나서 헤르만 헤세가 쓴 《데미안》의 첫 문장이 딱 떠올랐어. '새는 알을 깨고 나오기 위해서 투쟁한다.' 이 글 제목은 《데미안》의 첫 문장에서 따오면 너무 잘 어울릴 것 같아."

첫 독자가 밝힌 소감은 문학적 재능이 없는 내게 보내준 최고의 찬사였다. 나는 해냈다. 아니 나는 쓰고야 말았다. 문학적 재능은 노력으로 채워 넣을 수 있다고 생각했다. 그날부터 원고를 퇴고하기 위해 글 감옥에 갇혔다. 마음이 바빴다. 6월 29일은 '아사히지회 9주년 결의대회'가

열릴 예정이었다. 대법원 선고는 언제 나올지 기약 없었다. 2024년 7월이 넘어서면 아사히글라스 비정규직 노동자들이 투쟁한 지 10년을 맞는다. 나는 투쟁 10년을 맞이하는 노동자들에게 선물 같은 글을 쓰고 싶었다. 아사히글라스 자본에 6년이 아니라 60년도 싸워 주겠다던 노동자들의 패기가 꺾이지 않는 10년을 맞이할 수 있기를 바라는 마음이었다. 내 글이 어떻게 세상에 닿게 될지는 알 수 없지만, 포기하지 않고 달려온 노동자들처럼 나는 희망을 놓지 않았다. 앞으로 내 글을 읽은 독자가 '노동자는 억압을 깨기 위해서 투쟁한다'고 말해 준다면 나는 더 바랄 게 없다.

골방에 파묻혀 글을 고치고 있을 때 아사히글라스 부당 노동 행위와 파견법 위반, 그리고 아사히글라스 비정규직 노동자의 근로자 지위 확인 소송 등에 관련된 대법원 선고일이 잡혔다. 마음이 바빴다. 충분히 퇴고하지 못한 글이지만 부족한 대로 세상에 내보이고 싶은 욕심에 '싸우는 노동자를 기록하는 사람들, 싸람' 홈페이지에 한 편씩 게시하기로 했다. 그런데 대법원은 무슨 변덕인지 하루 만에 선고 기일을 변경했다. 이유도 알지 못한 채 부푼 내 가슴에서 바람이 다 새어 버려 마음이 쪼그라들고 눈물이 쏟아졌다. 며칠 뒤 또다시 대법원 선고일이 7월 11일로 바뀌었다. 선고일이 정해지자 내 심장이 뛰기 시작했다. 내 심장과 노동자들의 심장이 한 방향을 향해 뛰어가고 있을지도 모르겠다고 생각했다.

대법원 선고일을 기다리면서 아사히글라스 비정규직 노동자들이 노동조합을 만드는 기나긴 이야기를 싸람 홈페이지에 올렸다. 하루하루 평소보다 점점 더 크게 들리는 심장 박동 소리를 느끼면서 말이다.

2024년 7월 11일 새벽 일찍 서울로 향했다. 아사히글라스 비정규직 노동자들과 투쟁에 연대해 온 많은 이들이 법정을 가득 메웠다. 의자가 부족해서 방청객들은 서서 판결을 기다렸다. 양복 입은 청원 경찰들이 방청석 의자와 의자 사이로 순찰하면서 대화를 자제시켰고, 휴대폰도 못 보게 했다. 촬영이나 녹음도 할 수 없게 휴대폰을 가방에 넣으라고 명령했다. 청원 경찰들은 법정을 통제하느라 바빴다.

대법관이 들어왔다. 우리를 모두 일으켜 세웠다. 대법관이 자리에 앉자 우리도 모두 앉았다. 법정은 권위적인 허세로 가득했다. 아사히글라스 비정규직 노동자들 사건만 있지는 않아서 꽤 긴 시간 동안 여러 판결문을 들어야 했다. 앞 순서인 근로자 지위 확인 소송은 승소했다. 부당 노동 행위 판결을 듣는 데도 한참이 걸렸다. 형사 재판인 불법 파견 판결은 언제 나올지 알 수 없었다. 대법관이 주문을 읽는 모습이 끝을 향해 달려간다는 느낌이 들 때, 갑자기 정복 입은 청원 경찰이 대거 법정에 들어섰다. 양쪽으로 진을 치기 시작했다. 심상치 않은 분위기에 바짝 긴장했다. 불법 파견 판결이 잘못된 건가 하는 불안한 생각에 두근두근 떨리기 시작했다.

대법관이 아사히글라스 불법 파견 판결문을 읽는데 첫 마디에 '파, 기, 환, 송'이라고 들렸다. '파'라는 소리가 들리는 순간 나도 모르게 '와' 탄성을 지르고 있는 힘껏 양손을 마주치며 손뼉을 쳤다. 다른 사람들도 일제히 탄성을 지르고 손뼉을 치면서 일어섰다. 이겼다. 드디어 우리가 이겼다. 노동자들이 이겼다. 아사히글라스 자본을 법정에 세워서 형사 처벌을 받게 했다. 9년 만에 거둔 결실이었다. 2024년 8월 1일, 아사히글라스 비정규직 노동자들은 '비정규직'을 뗀 '금속노조 아사히글라스지회' 깃발을 안고 공장으로 복직했다.

자본주의 사회에서 인간은 노동력을 팔지 않고는 생명을 부지할 수 없다. 자본은 노동자의 노동력을 착취해서 이윤을 만든다. 공장은 노동자를 착취하고 억압하는 장소이자 계급의 무대인데, 노동자는 인간다움을 지키려면 자본에 대항할 무기가 필요하다. 노동자 계급의 무기가 노동조합이라면 자본가는 이 노동조합을 결단코 인정할 수 없다. 그러니 노동조합을 만드는 이야기는 결코 가벼울 수 없고, 짧을 수도 없으며, 한 청년 노동자가 인생을 걸어야 할 만큼 거대한 이야기일 수밖에 없다. 이미 노동조합, 해고, 투쟁, 기울어진 법정은 팽팽한 계급 대립의 산물이자 계급이 쟁투하는 장이다. 내 글이 그런 현실을 제대로 보여 주지 못한 듯해 아쉽다. 그러니 나는 문학적 재능이 없다는 사실을 인정할 수밖에 없지만, 노동자가 억압을 깨기 위해 투쟁하는 이야기는 그것 자체로 문학적이다. 그리고 역사의 한 장면이기도 하다.

나는 그 역사의 한 장면을 때로는 같이, 때로는 먼 곳에서 울고 웃고 가슴 설레면서 지켜봤다. 지키고 싶었다. 그리고 다른 사람에게 보여 주고 싶었다. 지치지 않고 싸워서 결국 민주 노조 깃발을 안고 현장으로 돌아가겠다던 약속을 지킨 금속노조 아사히글라스지회에 이 글을 바친다(아사히지회는 현장에 복직하면서 '아사히글라스지회'로 명칭을 바꿨다. 어쩌면 당연한 순서인데도 이름이 달라지니 투쟁이 아주 오래전 일처럼 느껴진다.)

이 기나긴 글을 읽어 주신 독자에게 감사드린다. 나의 '싸람', 나의 기록 동료들이 항상 내 곁에 있어서 외롭지 않게 작업할 수 있었다. 덕분에 세상을 보는 눈도 밝아졌다. 내 기록 동료들에게 애정을 듬뿍 담아서 고맙고 사랑한다는 마음을 전한다.